독도는 법이다

NANAM
나남출판

국제법 전문가 정재민 판사의 독도 현대사

독도는 법이다

2021년 6월 10일 발행
2021년 6월 10일 1쇄

지은이 정재민
발행자 조완희
발행처 나남출판사
주소 10881 경기도 파주시 회동길 193, 4층(문발동)
전화 (031) 955-4601(代)
FAX (031) 955-4555
등록 제 406-2020-000055호(2020.5.15)
홈페이지 http://www.nanam.net
전자우편 post@nanam.net

ISBN 979-11-974673-2-5
ISBN 979-11-971279-3-9 (세트)

책값은 뒤표지에 있습니다.

국제법 전문가 정재민 판사의 독도 현대사

독도는 법이다

정재민 지음

NANAM
나남출판

들어가며

독도와의 인연을 따라서

내가 처음 독도 공부를 하기 시작한 것은 20년 전쯤이다. 그때 나는 병역 의무를 이행하기 위해서 국방부 정책실 국제협력관실 대외정책과에서 법무관으로 일하고 있었다. 내 임무는 우리나라에서 체결되는 모든 군사 관련 국제약정을 검토하고 관리하는 일이었다. 그러던 어느 날 국회 독도특별위원회에 국방부장관께서 출석하게 되었다. 과장님이 나에게 국회의원들의 예상 질문과 그에 대한 장관의 답변을 작성해 달라고 했다. 사실 그 이전까지 나는 〈독도는 우리 땅〉 노래 가사 외에는 독도에 대해서 아는 것이 없었기에 독도 영유권에 관한 공부를 처음부터 시작해야 했다.

문답을 준비하면서 독도의 역사나 국제법에 관한 논문이나 책을 찾아보다가 깜짝 놀랐다. 독도를 둘러싼 국제법과 역사학적 논의들이 기존에 생각한 것보다 훨씬 더 복잡하고 어려웠기 때문이다. 자료를 구하기 어려운 부분들도 적지 않았다. 지금이야 인터넷 검색만 해도 곳곳에서 독도에 관한 상당한 분량의 지식을 찾을 수 있지만, 당시만 해도 일본 측 논리는 물론이고 우리나라 측 논리를 체계적으로 설명해 주는 글을 찾기도 쉽지 않았다. 기한이 정해져 있어서 모든 궁금증을 해소하지 못한 채 어떻게든 국회의원의 예상 질문과 그에 대한 국방부장관의 답변을 작성해서 국회 독도특별위원회를 넘기기는 했지만, 그때 처음으로 독도 영유권 문제가 쉽지 않다는 것과, 그것을 충분히 이해하려면 제법 오랜 시간 공부를 해야 한다는 것을 알게 되었다.

독도특별위원회가 끝난 뒤에도 독도에 관해서 검토하지 못한 자료들을 잔뜩 남겨 놓은 것이 찜찜한 나머지 나는 틈틈이 관련 책이나 논문을 찾아서 공부하고 정리하기 시작했다. 남들이 시키지도 않았고 앞으로 법률가로 살아가는 데에도 별 도움이 되지도 않는데도 독도에 관한 방대한 자료를 꾸준히 읽고 공부한 이유는 다분히 감성적인 것이었다. 그 당시에는 젊고 순수한 청년으로서 독도 공부를 하고 있으면 나라와 사회에 기여하는 것 같아서 괜히 뿌듯해지는 자기만족이 있었다. 그러면서도 다른 한편으로는 반일감정과 내 국적을 잊어버리고 공정하고 객관적으로 독도가 어느 나라 땅인지를 판단해 보고 싶은 호기심도 강했다. 그 밖에도 비록 이제 막 석사과정에 들어간 학생이지만 국제법을 전공하는 법대생이 독도 영유권을 법적으로 설명하지 못한다면 체면이 서지 않는 일이라는 생각도 있었다.

공부를 계속하면서 독도에 대한 이해가 조금씩 더 쌓일 때마다 그 이전까지 최선이라 생각했던 논리적 체계를 무너뜨리고 새로운 논리를 구축하는 작업을 무수히 반복했다. 그렇게 남들이 시키지도 않은 공부를 장시간 하고 나니 그 시간과 노력이 아깝기도 하고, 내가 알게 된 독도를 둘러싼 국제법적, 외교적, 안보적, 국내정치적 문제들을 입체적이고 복합적으로 다른 사람들에게 알리고 사회적 장에서 서로 생각을 교환하면서 반일감정을 넘어서서 보다 깊고 신중한 논의를 해보고 싶어졌다. 그러기 위해서는 소설이라는 형식이 좋겠다고 생각했다. 그렇게 해서 나온 소설이 《독도 인 더 헤이그》이다. 이 책이 세상에 나가면서 몇 년 뒤 나에게 독도에 관한 또 다른 길이 열렸다. 이 책을 읽은 외교부장관과 국제법률국장이 대법원에 요청해서 나를 최초로 외교부 독도법률자문관으로 임명한 것이다.

외교부에 머문 2년 동안 나는 독도 영유권 논리를 발전시키고, 독도 문제 외에도 위안부 문제나 강제징용 문제에 관한 법적 대응논리를 만들고, 국제공법소송 매뉴얼을 만드는 일 등을 했다. 그밖에도 독도를 둘러싼 중요한 외교적 행위를 현장에서 목격할 수 있었다. 이명박 대통령이 우리나라 대통령으로서는 처음으로 독도를 방문한 날, 나도 생애 처음으로 외교부 직원들과 함께 독도를 가보았다. 우리 대통령의 독도 방문에 대해 일본 외교관이 강력하게 항의하면서 50년 만에 또다시 국제사법재판소에서 독도 영유권 문제를 해결하자고 요청하는 과정도 현장에서 목격할 수 있었다. 이 책의 원형을 이루는 《국제법과 함께 읽는 독도현대사》(나남, 2013)도 그 시기 대한민국역사박물관이 개관하면서 외교부 독도법률자문관이던 나에게 의뢰하여 쓴 책이다.

외교부 독도법률자문관의 임무를 마치고 법원으로 돌아가서 재판을 하다가 한 해 뒤에는 법원에서 선발되어 네덜란드 헤이그에 위치한 구 유고슬라비아 유엔국제형사재판소ICTY; International Criminal Tribunal for the Former Yugoslavia에 파견을 가게 되었다. 100여 개의 국제기구가 밀집해 있는 헤이그는 국제법의 본류와 지류가 무수히 교차하는 국제법의 수도라고 불리는 곳이다. 소설 《독도 인 더 헤이그》를 통해 헤이그에 있는 국제재판소와 그 속에서 작동하는 국제법을 그렸던 내가, 이제는 실제 삶에서 헤이그 국제재판소로 가서 국제법을 집행하는 데 동참한다는 현실이 소설처럼 비현실적으로 느껴졌다.

우아하고 품격 있는 헤이그 국제재판소 건물 안에서 나는 인간이 수만 명의 인간을 참혹하게 도륙한 사건을 읽고, 사진을 보고, 시체 수를 세고, 글로 정리하는 일을 했다. 국제재판소라는 가장 문명적인 제도가 구현되는 장소에서 인류의 가장 야만적인 행위들을 매일 쳐다보는 것은 그리 유쾌한 일이 아니었다.

당시 내가 가장 즐겼던 일은 자전거를 타고 국제사법재판소ICJ; International Court of Justice가 위치한 평화궁Peace Palace에 찾아가서 그곳에 있는 세계에서 가장 큰 국제법도서관에서 오래된 책을 뒤적거리면서 '역사적 권원' 연구의 단서를 찾는 일이었다. 비록 단서 찾는 일은 성과 없이 끝나는 날이 대부분이었지만, 나의 할아버지가 태어나기도 전에 나온, 국제법 교과서에서나 보던 지난 세기 대가들의 국제법 책들을 맨손으로 넘겨보면서 그 촉감을 느끼는 것만으로도 나는 그 대가들과 악수를 한 것처럼 영광스럽고 경이로웠다.

우리 정부와 대법원이 배려해 준 덕분에 이와 같은 특별하고 귀한 경험을 하게 되었으니 내 나름대로 그에 대한 보답을 해야 한다는 마음의 부담을 느끼고 있었다.

최선의 보답은 아무래도 독도 영유권에 대해 기존의 연구결과보다 진전된 논문을 쓰는 것이라고 생각했다. 그동안 국제법 학계에서 독도 문제를 직접 다루는 논문은 이미 많이 쌓였기 때문에 나는 독도를 떠나서 영토주권에 관한 보다 근본적인 연구결과를 내놓고 싶었다. 나는 석·박사과정에서 국제법을 전공하고 몇 편의 논문을 학술지에 발표했고, 박사학위논문도 우리나라 독도 영유권 근거의 가장 중요한 부분이면서도 연구가 충분히 되어 있지 않았던 '역사적 권원'을 주제로 완성했다.

지금은 그렇지 않지만 독도와 국제법 공부를 처음 시작한 20대에는 나중에 나이 들어서는 몰라도 젊을 때부터 너무 계산적으로 따지며 살지 말고 좀 손해가 나더라도 남들이 가지 않는 길도 가는 데까지 가보자는 무모한 배짱이 있었다. 그 무렵 읽은 카잔차키스의 소설 《그리스인 조르바》에서 내가 가장 좋아한 구절은 이것이다.

"인간이 성취할 수 있는 최상의 것은 지식도, 미덕도, 선도, 승리도 아닌 신성한 경외감입니다. 우리 인간은 엄청나게 큰 나무의 조그만 잎사귀에 붙은 아주 작은 벌레랍니다. 우리는 그 잎사귀 위에서 우리 길을 조심스럽게 시험해 봅니다. 겁이 없는 어떤 사람들은 잎 가장자리까지 가서 고개를 빼고 그 아래 카오스를 내려다봅니다. 그 끔찍한 나락을 내려다보며 우리는 몸도 마음도 공포로 떨고 맙니다. 그 순간 어떤 사람은 겁을 집어먹지만 또 어떤 사람들은 그 심연을 내려다보면서 용감하게 '나는 저게 좋아'라고 말하지요. 그 순간 시작되는 게 시詩입니다."

돈도 권력도 주지 못해서 법률가들에게 인기가 없는 국제법을 전공으로 삼고, 교수가 될 것도 아니면서 석·박사학위를 마치고, 판사를 하는 데 도움이 될 리 없는 독도 영유권 문제를 파헤치던 지난 시간들은 지금 돌아보면 조르바가 말한 '벌레가 나뭇잎의 가장자리를 향해 홀로 무모하게 나아가는 시간'이었던 것 같다. 그러나 또 다른 한편으로, 그 청춘의 시절에는 틀에 박힌 삶을 살지 않고 나만의 길을 가겠다고 다짐하곤 했는데 20년이 지난 오늘날 지금 이 순간조차 그때 공부했던 독도와 국제법 지식으로 책을 쓰고 있으니 내 삶은 신화 속 시시포스처럼 좁은 틀에 갇혀서 같은 자리를 오가기만 했다고 해도 부인할 수 없을 것 같다.

이 책은 내용적으로 두 가지 특징이 있다. 첫째는 영토주권에 대한 국제법 이론을 충실히 담았다는 것이다. 독도 영유권에 대해서 이야기하기 위해서는 먼저 국제법상 어떤 영토가 어떤 기준으로 그 귀속이 정해지는지를 이해할 필요가 있다. 그러나 기존의 독도 관련 대중서들은 이 점을 제대로 언급하지 못한 경우가 많았다. 언급하더라도 '실효적 지배'에 따라 결정된다거나, 먼저 '선점'하면 된다거나, 당사국들 사이의 상대적 우월에 따라 판가름 난다는 식으로 단편적으로 말한다. 이런 말들이 제각기 아주 틀렸다고 할 수는 없다. 그러나 그렇게만 말하는 것은, 코끼리의 일부만을 묘사해 놓고서는 도저히 코끼리 전체라고 할 수 없는 것과 마찬가지로, 결코 영토귀속 판단에 관한 국제법 체계 전체를 말하는 것이라고 하기 어렵다. 이 책에서는 국제법상 영토귀속 판단기준을 정통 국제법 이론에 따라서 풍부하고 입체적으로 설명하였다.

둘째, 이 책은 우리나라 근현대사의 틀 안에서 독도 문제를 이야기한다. 그동안 독도에 관한 논문이나 책을 쓰면서 아쉬웠던 점은, 그런 글의 성격상 당연한 것이지만 특정 법적 주제에, 그것도 법률적, 논리적으로 얽매일 수밖에 없다는 점이었다. 그러나 독도 문제는 역사적 배경을 알아야 제대로 이해할 수 있다. 독도 공부를 처음 할 때에는 어떻게 하면 일본의 논리의 성 곳곳을 허물어뜨리고 우리의 논리를 강철같이 무장할 수 있을까에 주안점을 두었다. 그러나 공부를 할수록 독도를 둘러싼 우리나라 역사가 보였다. 특히 근현대사에 접어들어서는 청일전쟁, 러일전쟁, 두 차례의 세계대전과 같은 국제적 정세를 고려하지 않고서는 독도를 이해할 수 없다는 사실을 깨닫게 되었다. 그 당시의 군사적, 외교적, 국내외적 정치상황이 한반도의 운명에 결정적 영향을 미쳤고, 그것이 다시 독도 영유권에도 실질적 영향을 미친 것이다. 일본이 독도 문제를 굳이 법률 문제로 보려는 것은 자국에게 불리한 역사적 맥락을 제거하기 위함이다.

우리나라 근현대사를 잘 아는 사람들이라면 근현대사라는 큰 틀에서 독도 영유권 문제를 이해하였을 것이지만, 나는 반대로 독도 영유권 문제라는 망원경을 통해서 우리나라 근현대사라는 거대한 천체의 운동을 관찰하기 시작한 것이다. 이 책은 바로 그 관찰의 경험을 기록한 것이다.

이 책은 필자가 지난 20년 동안 국방부, 외교부, 국제재판소 같은 국제법 현장에서 얻은 경험과 대학원 석·박사과정, 국내외 학회나 아카데미에서 배운 국제법 지식에, 판사와 법무부 법무심의관으로서 갈고닦은 법 실무에 대한 이해와 감각을 보태어, 작가로서 닦아 온 문장으로, 전문가가 아닌 분들, 특히 자라나는 학생들을 독자로 삼아 쓴 글이다. 독도를 둘러싼 국제법과 우리나라 역사의 여정을 따라가면서 경험한 강렬하고 뜨거운 인상과 생각을 쓴 이 글이 그리스인 조르바가 말하는 한 벌레가 나뭇잎 잎사귀의 가장자리까지 가서, 그 아래 카오스를 내려다보고, 그때 느낀 아찔한 경외감을 주체하지 못해서 써내려간 시詩와 어느 정도는 일맥상통할 수도 있다고 생각한다.

그러나 독도를 둘러싼 우리 근현대사를 살펴보면서 내가 느낀 감정은 경외감이나 "나는 저게 좋아"와는 거리가 먼 것이었다. 아찔하기는 하지만 불안이 스며들게 하는 것이었다. 우리나라가 정신을 바짝 차려서 지혜로운 길을 가지 않으면 순식간에 내부가 분열되고 외부 세력에 의해서 붕괴되어 주권을 빼앗긴다는 것을 절감하게 되기 때문이다.

그렇다고 해서 항상 반일감정에 젖어서 독도 문제나 일본 문제를 바라보아야 한다는 뜻은 아니다. 감정적 대응은 분별을 어둡게 할 수 있고 때로 우리가 우리의 발등을 찍어 스스로에게 손해를 입힐 수도 있다. 독도 문제이든 한일관계이든 간에 국제법과 같은 전문적 지식에 바탕을 둔 전략적인 지혜로 대처해야 한다. 그것이 바로 《독도는 법이다》가 말하고 싶은 핵심이다.

2021년 5월

정 재 민

차 례

제1장

대한제국의 주권 상실과 독도

외교부 제공

역사 문제로서의 독도

일본은 1905년 2월 22일 한국 영토인 독도를 시마네현島根縣으로 불법 편입했다. 오늘날까지 이어지는 한일 간 독도 문제의 최초 발화점이 바로 이 사건이다. 한편 일본이 대한제국을 최종적으로 강제병합한 것은 1910년 8월 29일이다. 일본은 1905년 일본의 독도 편입은 1910년에 있었던 한반도 강제병합과는 별개의 사건이라고 주장한다. 일본이 독도 문제는 영토 문제이지 역사 문제가 아니라는 입장을 취하는 것도 바로 이 점에 착안한 것이다.

그러나 일본의 독도 편입은 독립적으로 일어난 사건이 아니라 일본의 한반도 전체에 대한 주권침탈 과정의 일부이다. 일본의 한반도 침탈은 1870년대 강제 개항 이래 점진적으로 이루어졌고, 특히 1904년 러일전쟁을 전후한 시점부터 1905년 〈을사늑약〉에 이르기까지 집중적으로 진행되었으며, 1910년의 강제병합은 이미 예정된 수순의 마무리에 불과했다. 일본의 독도 편입은 바로 일본의 한반도 침탈작업이 절정에 이르렀던 러일전쟁과 〈을사늑약〉 사이 시기에 일어난 일이다. 그러니 1905년의 독도 편입을 한반도 전체의 식민지화와 동떨어진 별개의 사건이라고 볼 수는 없는 것이다.

그러므로 독도 문제를 제대로 이해하기 위해서는 반드시 구한말 한반도 전체가 일본에게 침탈당한 과정도 함께 살펴보아야 한다. 이 시기 한반도를 둘러싸고 일본뿐만 아니라 청나라, 러시아, 미국 등이 깊은 영향을 미쳤고, 그에 관한 방대한 역사적 사실과 견해들이 공존하지만, 이 책에서는 편의상 일본이 한국을 침탈한 과정만을 개략적으로 소개하고자 한다.

일본의 주권침탈의 서막

〈강화도조약〉(1876)

일본에서는 1868년 에도江戶 막부가 무너지고 근대화, 서양화, 부국강병 정책을 표방한 메이지明治 정부가 출범했다. 메이지 정부는 조선과도 관계를 맺기 위해서 외교문서를 보냈으나 당시 조선의 실권자였던 흥선대원군은 일본이 서양과 같은 이적夷狄이 되었다며 이를 계속 거부했다. 이에 메이지 정부에서는 조선을 쳐야 한다는 이른바 정한론征韓論이 힘을 받았다. 조선을 공격하면 일본의 경제가 발전하고 내부의 분열을 제거할 수 있어 일본의 국익에 이보다 더 좋은 것이 없다는 게 정한론의 근거였다.

이에 따라 일본은 1875년 운요호雲揚號라는 군함을 강화도 인근에 접근시켜 조선군과의 교전을 유발했고, 이 사건의 책임을 조선에게 물어 1876년 〈조일수호조규〉(일명 〈강화도조약〉)를 체결했다.

〈강화도조약〉 제1조는 "조선은 자주국으로서 일본과 동등한 권리를 가진다"고 규정했다. 일본이 조선을 '자주국'이라고 인정한 것은 조선에 대한 청나라의 종주권을 부정하기 위한 포석이었

1875년 9월 10일 강화도 앞바다에 나타난 일본 군함 운요호

다. 일본의 입장에서 조선을 수중에 넣기 위해서는, 조선을 당시까지의 종주국이었던 청나라의 영향으로부터 벗어나도록 만드는 것이 선결과제였기 때문이다.

조선의 문을 강제로 열어젖힌 이후 일본은 본격적으로 청나라와 조선에 대한 주도권 다툼을 시작했다. 이에 따라 조선 내부에서도 청나라와의 사대관계를 유지하려는 보수파와 서구식으로 근대적 개혁을 해야 한다는 개화파가 갈라져 대립하기 시작했다.

갑신정변(1884)

1882년 청나라가 3천여 명의 군대를 조선에 파견해서 임오군란을 진압하고 흥선대원군을 청나라로 체포해 가버린 이후 조선에서 청나라의 영향력은 더욱 커졌다. 이에 나라 밖 세상이 급변하는 것을 지켜보던 박영효, 김옥균, 홍영식 같은 개화파는 1884년

서구식 근대화를 목표로 했던 갑신정변은 불과 3일 만에 진압되고 말았다. 왼쪽부터 갑신정변의 주역인 김옥균, 서광범, 박영효, 홍영식.

청나라와의 사대관계를 청산하고 일본처럼 서구식 개혁을 하자는 취지로 갑신정변을 일으켰다. 이들 개화파는 우리나라의 자주독립과 근대화를 추구했던 세력으로, 훗날 일제강점기의 친일파와는 그 성격이 사뭇 다르다. 정변 당시 일본 공사가 보병 1개 중대를 출동시켜 창덕궁을 호위하며 개화파를 지원했으나, 청나라는 서울에 주둔하던 훨씬 더 큰 규모의 군대를 출동시켜 정변을 진압했다. 홍영식은 조선에서 피살되고 김옥균은 일본으로 망명했다가 훗날 중국에서 암살된다.

갑신정변이 3일 만에 진압됨으로써 일본의 한반도 지배 시도도 잠시 주춤할 수밖에 없었다. 그러나 청나라군과 일본군이 모두 서울에 주둔한 상황이 지속되면서 군사적 긴장이 고조되었다. 이에 양국은 4개월 이내에 조선에서 군대를 철수하고 조선에 군대를 다시 파병할 필요가 있을 때는 서로 연락해서 결정한다는 내용의 〈텐진조약〉(1885)을 체결했다. 일본은 일단 물러가면서도 또다시 조선에 들어올 수 있는 장치를 마련해 둔 것이다. 그 장치는 9년 뒤에 작동한다.

청일전쟁(1894)

1894년 동학농민혁명이 일어나 수십만 명의 농민들이 봉기했다. 봉기를 독자적으로 제어할 능력이 없었던 조선 정부는 이번에도 청나라 군대를 불러들였다. 그러자 일본도 〈텐진조약〉을 구실로 조선에 군대를 파병했다. 이에 동학농민군은 청나라와 일본에게 출병의 구실을 주지 않기 위해서 개혁안을 제출해 조선 정부와 화약을 맺었다. 그러나 그 이후 청나라군과 일본군은 우리 땅에서 물러가기는커녕 오히려 우리나라에서 전쟁을 벌이기 시작했다.

청일전쟁에서 승기를 잡은 일본은 조선 정부에게 일본처럼 서구식 개혁을 할 것을 요구했다. 민씨 정권이 이를 거부하자 일본은 흥선대원군을 끌어들여서 명성황후를 비롯한 민씨 세력을 몰아냈다. 일본 세력을 바탕으로 마지막 영의정이자 최초의 총리대신인 김홍집이 주축이 되어 1894년부터 1896년까지 사회 전반에 대한 대대적인 개혁 작업이 추진되었다(갑오개혁). 이에 따라 군국기무처라는 기관이 설치되어서 각 분야에 관한 개혁 사항 208

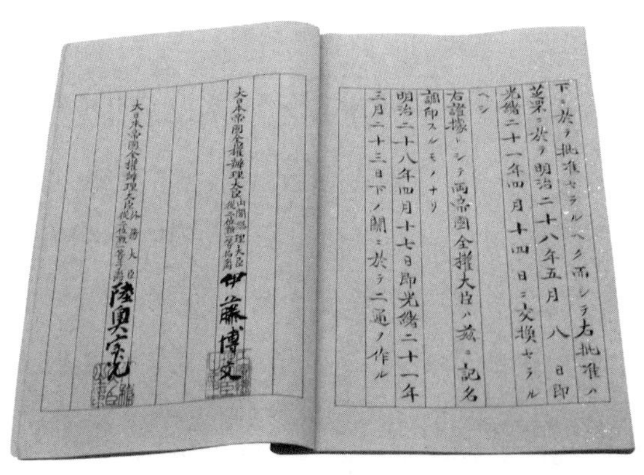
下ニ於テ批准セラルヘク而シテ右批准ハ
芝罘ニ於テ明治二十八年五月八日即
光緒二十一年四月十四日ニ交換セラル
ヘシ
右證據トシテ両帝國全權大臣ハ茲ニ記名
調印スルモノナリ
明治二十八年四月十七日即光緒二十一年
三月二十三日下ノ關ニ於テ二通ヲ作ル

大日本帝國全權辨理大臣 内閣總理大臣 從二位勲一等伯爵 伊藤博文

大日本帝國全權辨理大臣 外務大臣 從二位勲一等子爵 陸奥宗光

일본과 청나라가 맺은 〈시모노세키조약〉.
이를 통해 일본은 조선에 대한 지배권을 확고히 했다.

건을 심의하고 의결했다. 그 결과 양반과 평민을 구분하는 반상 제도를 폐지하고, 노비의 매매를 금지하며, 왕실이 국정에 개입하는 것을 제한하고, 과거제 대신 일본식 관료제를 도입하며, 은본위제도를 바탕으로 한 신식 화폐제도를 도입하는 등 사회의 근대화를 위한 개혁이 이루어졌다.

한편 청나라를 상대로 최종적으로 승리한 일본은 1895년 4월 〈시모노세키조약下關條約〉을 체결했다. 그 골자는 중국이 일본에게 랴오둥遼東반도, 대만臺灣, 팽호도澎湖島를 할양하는 것과 함께 조선에 대한 종주권을 포기한다는 것이었다. 이로써 일본은 조선을 지배하는 데 있어서 가장 큰 장애물이었던 청나라를 꺾고 조선에 대한 지배권을 획득하게 된 셈이다.

그러나 러시아가 일본의 기세에 찬물을 끼얹었다. 남하정책을 추진하던 러시아는 일본의 부상에 위협을 느끼고 1895년 독일, 프랑스와 함께 일본에 대해 랴오둥반도를 청나라에게 돌려주도록 압력을 넣었다. 이 사건을 '삼국간섭'이라 한다. 삼국간섭은 청일전쟁 승리로 한창 들떠 있던 일본에게 커다란 충격을 안겨주었고 이때 품은 일본의 원한은 훗날 러일전쟁의 불씨가 되었다.

삼국간섭 이후 조선에서는 민씨 일파가 다시 득세해 러시아 세력에 기대기 시작하면서 친로親露 인사들을 주축으로 한 내각이 구성되었다. 이에 분노한 일본 공사 미우라 고로三浦梧樓는 1895년 10월 8일 일본 낭인들을 시켜서 명성황후를 시해한 후 시체에 기름을 붓고 불을 질렀다. 이 사건은 한국은 물론 국제적으로도 커다란 물의를 일으켰지만, 정작 일본 정부는 미우라와 그 일당 48명을 조사한 후 증거 불충분을 이유로 모두 석방했다. 신변의 위협을 느낀 고종은 1896년부터 1년 동안 러시아 공관에서 국정을 보았고(아관파천俄館播遷), 이때부터 조선에서 러시아의 영향력이 강화되었다.

러일전쟁(1904)

아관파천 이후 조선은 1897년 고종을 황제로 승격하고 국호를 대한제국으로 바꾸어 개혁을 진행했지만, 제국주의 열강의 영향에서 벗어나지는 못했다. 일본은 이후에도 대한제국을 놓고 러시아와 계속해서 신경전을 벌였다. 또한 일본은 1902년에 영일동맹

일본으로부터 신변의 위협을 느낀 고종이 1년간 머물렀던 러시아 공사관.
현재는 사진 가운데 솟은 탑만이 남아 있다.

을 성립시킴으로써, 영·미·일을 축으로 하는 세력과 러시아·프랑스를 축으로 하는 세력이 국제적으로 대치하게 되었다.

러시아가 남하정책을 노골적으로 추진하자 심각한 위협을 느낀 일본은 1904년 2월 8일 마침내 러일전쟁을 일으켰다. 러일전쟁 직전인 1904년 1월 23일 급박한 정세 속에서 대한제국은 중립을 선언했으나, 일본은 이를 묵살하고 자국 군대를 임의로 서울에 주둔시켜 버렸다.

곧이어 일본은 대한제국 정부를 압박하여 1904년 2월 23일 〈한일의정서韓日議定書〉를 체결했다. 그 내용은 대한제국이 일본군에게 충분한 편의를 제공해야 하고, 일본은 전략상 필요한 대한제국 영토를 마음대로 사용할 수 있다는 등의 것이었다. 〈한일의정서〉에는 "대일본제국 정부는 대한제국의 독립과 영토 보전을 확실하게 보증한다"라는 조항도 있었으나 이것이 의정서 체결을 위한 미끼였음은 이후의 역사에 비추어 명백하다. 당시 이 의정서 체결에 반대한 대신 이용익은 모든 관직을 박탈당한 채 일본으로 압송되어 10개월 동안 연금되었다. 일본은 러일전쟁이 끝난 이후에도 물러가지 않고 한국이 해방될 때까지 계속해서 자국의 군대를 한반도에 주둔시켰다. 일본의 한반도 강제점령은 사실상 1904년 이 시점부터 시작된 것이다.

〈한일협약〉(1904)

1904년 5월 이후 일본에서는 한국을 보호국화해야 한다는 여론이 힘을 얻게 되었다. 이에 일본은 한국을 또다시 압박해 1904년 8월 22일 〈제 1차 한일협약第一次 韓日協約〉을 강제로 체결했다. 골자는 대한제국은 재무나 외교에 관한 정책을 일본이 추천한 고문의 의견에 따라 시행해야 한다는 것이었다. 일본은 재정고문과 외교고문 외에도 이 협약에 없는 경무고문, 군부고문 등까지 임명해 대한제국 정부에 대한 통제권을 장악했다. 일본의 독도 불법편입도 바로 이 직후에 이루어졌다.

러일전쟁이 일본의 승리로 귀결되어 가던 도중인 1905년 7월 일본은 〈가쓰라-태프트 밀약Katsura-Taft Agreement〉을 통해 미국으로

〈포츠머스조약〉에 조인하는 러시아와 일본 대표단

부터 한국 지배를 묵인받은 것으로 알려져 있다. 또한 같은 해 8월에는 영국과 2차 영일동맹을 체결해 영국으로부터도 한국 지배를 양해받았다. 러일전쟁에서 승리한 이후인 같은 해 9월에는 〈포츠머스조약Treaty of Portsmouth〉을 통해 러시아로부터도 한국에 대한 지배권을 인정받았다. 이로써 마침내 일본은 한국의 지배권을 놓고 각축을 벌이던 청나라와 러시아를 차례로 제압하고 미국, 영국의 승인까지 받음으로써 국제적으로도 한국에 대한 독점적 지배권을 확고하게 쟁취한 것이다. 이제 다음 단계로는 한국을 압박해 '주권'을 포기하도록 하는 절차만을 남겨놓았다.

'주권'이란 무엇인가

국제법상 주권 개념

우리나라 사람이라면 우리나라가 일제에게 '주권'을 빼앗겼다는 이야기는 무수히 들었을 것이다. 그런데 여기서 말하는 '주권'이 국제법상 개념이라는 것을 아는 사람은 드물다. '주권sovereignty'은 국제법 체계의 근본을 이루는 핵심 개념이다. 주권은 국가가 가지는 법적 권능들을 총체적으로 가리키기도 하고, 그 법적 권능들 중에서 특정 권능만을 가리키기도 하며, 국가가 그러한 권능을 행사할 수 있는 근거를 가리키기도 한다.

'주권'이라는 단어는 프랑스에서 유래했다. 중세 말부터 프랑스에서는 '주권적souverain'이라는 단어가 가장 높은 권위를 가리키는 수식어로 사용되었다. 그러다 1577년 프랑스의 보댕J. Bodin이 "De la République"라는 논문에서 '주권' 개념을 두고 "한 국가 안에서 신의 계율이나 자연법 외에는 그 어느 것도 제한할 수 없는 절대적이고 영원한 권력"이라고 정의했다. 이때부터 보댕의 주권 개념이 프랑스 안팎의 학자들 사이에 널리 퍼지기 시작했다.

보댕의 주권 개념의 핵심은 군주는 자국 안에서는 다른 권위를

주권 개념을 확립한
프랑스 사상가 장 보댕

빌리지 않고도 독자적 의지에 따라 법을 제정할 수 있다는 것이었다. 여기서 말하는 다른 권위에는 교황도 포함된다. 즉, 군주는 교황의 승인 없이도 자기 나라 안에서 법을 제정할 수 있다는 것이다. 한 국가가 주권을 가진다는 것은 자기 영토 안에서는 다른 국가들의 통제를 받지 않는다는 뜻이다. 이것은 곧 그 국가가 독립했다는 의미이기도 하다.

주권 개념이 낳은 근대 국제법 체제

유럽이 근대로 접어들면서 스페인, 프랑스, 영국과 같은 이른바 국민국가들이 탄생했다. 이들 국가들은 교황과 신성로마제국의 권위 아래 있던 과거의 중세 국가들과는 달리 주권 개념을 활용해

근대 국제법 체제의 출발을 알린 <베스트팔렌조약>

서 대외적으로 독립을 향유하고자 했고, 이를 바탕으로 대내적으로는 왕 중심의 절대주의 체제를 확립했다. 이제 이러한 국가들 사이의 관계를 규율하기 위해서 중세 기독교 체제를 대신할 새로운 질서가 필요하게 되었는데, 이러한 배경에서 등장한 것이 바로 국제법이다.

오스트리아와 스페인을 중심으로 한 구교 국가들과 네덜란드, 스웨덴, 덴마크, 노르웨이, 프랑스 등 신교 국가들 사이의 30년 전쟁을 마무리 지은 〈베스트팔렌조약〉(1648)은 새로운 국제질서를 잉태하는 결정적 계기가 되었다. 교황의 권위에 복종하지 않았던 네덜란드와 같은 신교국이 국가로 인정받고 새롭게 탄생한 것도 베스트팔렌 체제를 통해서였다. 이 체제의 핵심은 각 주권국가가 대내적으로는 무제한의 주권을 배타적으로 행사하고, 대외적으로는 다른 주권국가들과 주권평등 원칙의 토대 위에서 국제관계를 맺는다는 것이다.

대한민국은 독도에 대한 소유권이 아니라 영토주권을 가진다.

독도 영유권을 말할 때의 '영유권'도 '영토주권'의 줄임말이다. 따라서 독도 영유권이란 독도에 대한 영토주권을 말한다. 영토주권을 보유한 주체는 '주권국가'이다. 대한민국이 독도에 대해 영토주권을 가진다는 것은 대한민국의 주권이 미치는 범위에 독도가 포함된다는 개념이다. 다시 말해서 국내적으로는 대한민국 정부가 독도에 대해서 누구의 간섭도 받지 않고 최고의 권능을 행사할 수 있다는 뜻이고, 대외적으로는 대한민국이 독도를 포함한 영토에 대해 다른 나라와 국제적 관계를 맺을 수 있다는 뜻이다. 국경이 영토의 한계이고, 영토는 국가의 주권이 미치는 범위이므로, 국경은 영토주권이 미치는 한계이다. 한 국가의 영토주권이 미치는 범위와 이웃 국가의 영토주권이 미치는 범위가 맞닿는 지점들을 이은 선이 국경을 이룬다.

대한민국이 독도에 대해 영토주권을 가진다는 말과 단지 독도를 '소유'한다는 말은 그 법적 의미가 매우 다르다. 버스의 경우를 예로 들어 보자. 내가 버스를 '소유'한다는 것은 버스를 팔거나 버스 안에서 내가 하고 싶은 일을 할 수 있다는 뜻이다. 면허증이 있으면 운전도 마음대로 할 수 있다. 그러나 버스 안에 누군가가 타고 있다면 아무리 그 버스가 내 소유라고 하더라도 내가 그를 감금하거나 그의 돈을 강제로 빼앗을 수 없다. 그러면 나는 감금죄나 강도죄 등으로 형사처벌을 받게 된다. 반면 내가 버스 안에 대해서 '주권행사'를 한다는 것은 버스 안에 있는 사람들을 지배할 수 있는 것이다. 버스 안에 있는 사람에게 세금을 거둘 수도 있고, 체포 또는 감금할 수도 있다.

요컨대, 대한민국은 독도를 소유하는 것이 아니라 독도에 대해서 주권을 행사하는 것이다. 독도를 일본에게 빼앗긴다는 것은 더 이상 대한민국 정부가 독도에 대해 주권을 행사할 수 없다는 뜻이다. 독도에 사는 사람에게 세금을 징수할 수도 없고, 독도에 사는 사람이나 독도 자체를 규율 대상으로 하는 법을 만들 수도 없고, 독도에 있는 사람을 체포할 수도 없게 된다는 뜻이다.

대한제국의 주권 상실 과정: 〈을사늑약〉부터 강제병합까지

대외적 주권 상실과 대내적 주권 상실

앞서 말했듯이 한 국가가 주권을 가진다는 것은 대외적으로는 다른 주권국가들과 대등한 지위에서 국제관계를 맺을 수 있고, 대내적으로는 자국 영토 안에서 무제한의 주권을 배타적으로 행사할 수 있다는 뜻이다. 대한민국이 주권을 빼앗긴다는 것은 이러한 권능을 행사할 수 없게 된다는 뜻이다. 대한제국의 외교권을 박탈한 1905년의 〈을사늑약〉은 이 중에서 대한제국의 대외적 주권을 빼앗은 것이다. 반면 1904년부터 1910년에 이르기까지 일본이 취한 조치들은 대한제국의 대내적 주권을 빼앗은 것이다.

대외적 주권 상실: 〈을사늑약〉

일본은 1905년 11월 17일 대한제국과 〈제 2차 한일협약〉(〈을사늑약乙巳勒約〉)을 강제로 체결해 대한제국의 외교권을 박탈했다. 이로써 국제사회에서 대한제국은 존재하지 않는 것과 마찬가지가 되었다. 그 결과 세계 각국에 있는 대한제국의 외교공관이 폐지되고, 대한제국에 있는 세계 각국의 외교공관 또한 철수했다.

대한제국의 해외 사무는 해외에 있는 일본 외교공관이 처리했다. 대한제국은 일본을 통하지 않고는 조약을 체결하거나 국제회의에 참석할 수도 없었다.

당초 고종은 〈을사늑약〉 체결을 거부했지만, 당시 일본 대표 이토 히로부미伊藤博文는 대한제국이 이를 거절한다면 조약을 체결하는 것보다 곤란한 처지에 놓일 것이라고 협박했다. 일본은 대한제국 대신들도 일본 공사관으로 불러서 압박했다. 대신들은 사안의 중요성 때문에 어전회의를 통해 황제와 상의해서 결정할 수밖에 없다고 했다. 그러자 일본군은 어전회의가 열리는 동안 궁궐을 둘러쌌고, 시내 곳곳에서 군사행진을 벌였다.

오랜 시간이 지나도록 대신들이 조약 체결에 찬성하지 않자 이토 히로부미는 무장한 헌병들을 데리고 어전회의가 열리는 곳으로 직접 들어와서 대신들 한 사람 한 사람에게 찬반을 물었다. 참정대신 한규설이 조약 체결에 반대하자 일본 헌병들에게 끌려 나가 별실에 감금되었다. 그 상황에서 탁지부대신 민영기와 법부대신 이하영이 계속 반대의사를 밝혔지만 학부대신 이완용 등 5명의 대신들(을사오적)이 찬성의 뜻을 표하고 말았다. 이토는 다수결에 의해 조약안이 가결되었다고 일방적으로 선언했다. 회의가 종결되자 이토는 고종의 재가를 받지도 않은 채 부하에게 명해 군대를 이끌고 외부대신 직인을 탈취해 조약에 날인했다.

고종은 4일 뒤 이 조약이 총칼의 위협과 강요 아래 체결된 것으

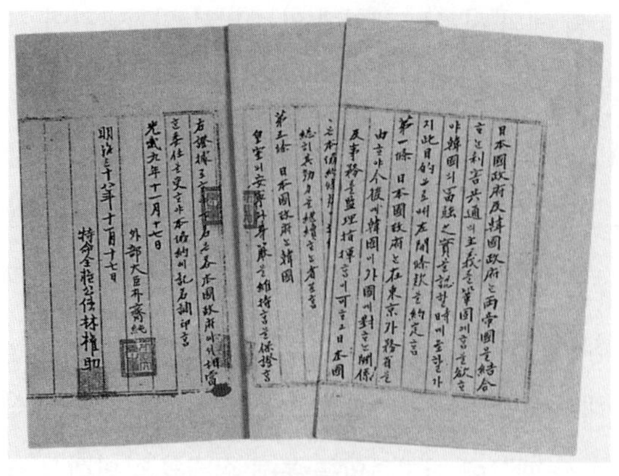

〈을사늑약〉 원본

로 무효임을 선언하고 이를 세계 각국에 알렸다. 프랑스 공법학자 레이Francis Rey도 1906년 2월 "조선의 국제법적 지위La Situation Internationale de la Coree"라는 논문을 통해 이 조약이 무효임을 주장했다. 강압적 조약 체결에 항의하는 한국의 유생과 전직 관리들의 자결이 이어졌다. '을씨년스럽다'는 표현도 〈을사늑약〉으로 외교권을 박탈당한 바로 1905년의 상황을 두고 "을사년스럽다"라고 한 말에서 유래했다고 한다.

대내적 주권 상실: 〈한일협약〉에 이은 강제병합

1907년 고종은 일본에 알리지 않고 이준, 이상설, 이위종을 특사로 만국평화회의가 열리는 헤이그Hague로 파견해 〈을사늑약〉이 강압에 의해 체결되었음을 알리려고 했다. 그러나 이들 특사들은 일본의 방해로 회의장에 들어가지도 못했다. 결국 이준은 헤이그에서 사망하고, 이상설, 이위종은 귀국하지 못하고 망명길에 올랐다.

일본은 헤이그에 특사를 파견함으로써 〈을사늑약〉을 위반했다는 구실로 고종에게 황제 자리를 내어놓고 물러날 것을 강요했다. 이에 고종은 1907년 7월 19일 황태자로 하여금 국정을 일시적으로 대리하게 한다는 조칙을 내렸으나 일본은 다음 날 아예 황제를 교체하는 양위식을 거행하고 세계 각국에 이를 알려 고종의 퇴위를 기정사실화했다. 이 양위식은 당사자인 고종과 순종이 모두 참석하지 않은 채 내관 2명이 대리하는 방식으로 진행되었다.

고종을 강제 퇴위시킨 이후 일본은 치안유지를 명목으로 혼성 1개 여단을 서울에 급파해 한층 더 강압적인 분위기를 조성했다. 그리고 불과 며칠 뒤인 1907년 7월 25일 일본은 〈한일신협약韓日新協約〉을 공포했다. 이에 따라 대한제국은 법령을 제정하거나 그 밖에 중요한 행정행위를 할 때에는 일본 통감의 동의를 받아야 했다. 초대 통감이 바로 이토 히로부미였다. 내각의 각 대신 아래 차관은 일본인이 차지했고, 검사장이나 판사와 같은 사법기관의 주요 직위에도 일본인이 임명되었다. 1910년에는 대한제국 경찰이 폐지되고 일본 헌병의 지휘를 받게 되었다. 입법권, 행정권, 사법권의 권능을 하나씩 빼앗은 이와 같은 일련의 조치들은 대한제국의 대내적 주권을 순차적으로 빼앗은 것이다.

상: 1907년 열린 헤이그 만국평화회의장
하: 대한제국 특사로 파견된 이준, 이상설, 이위종(왼쪽부터).
이들은 일본의 방해로 회의장에 들어가지도 못했다.

이런 과정을 거쳐서 일본은 대한제국의 대외적 주권과 대내적 주권을 빼앗아 버렸다. 대한제국은 더 이상 주권국가라고 부를 수 없는 껍데기만 남은 나라로 전락했으며, 한일병합은 시간문제였다. 결국 1910년 8월 22일 병합조약이 조인되었고 8월 29일 대한제국의 관보에 게재되었다. 이로써 대한제국은 국내적으로나 국제적으로나 법적으로 완전히 소멸했다. 우리나라 국민들도 대한제국 신민(제국의 주인인 황제의 백성이라는 의미임)으로서의 지위를 상실하고 황국의 신민(일본 천황의 백성), 즉 일본인이 되어 버렸다.

일본의 주권침탈은 국제법상 적법인가 위법인가

적법하다는 일본의 입장

일본은 우리나라의 주권침탈 과정이 도덕적으로는 문제가 있을지 몰라도 법적으로는 적법하다고 주장한다. 20세기 초에는 국제법상 무력을 사용한 침략이 위법한 것이 아니었고, 일본이 중국 등 다른 나라는 전쟁을 일으켜서 무력으로 '침략'했는지 몰라도 한국은 조약 체결을 통해서 합법적으로 '식민지 지배'를 했다는 것이다. 이런 차원에서 일본은 지금도 과거사를 언급할 때 '침략'과 '식민지 지배'를 구분하며, 우리나라는 침략이 아닌 식민지 지배의 대상으로 본다. 당시 강대국이 강력한 무력을 바탕으로 약소국을 보호국으로 삼거나 식민지로서 지배하는 것은 전 세계적인 현상으로서 국제법상 적법한 것이었다고도 한다.

사실 국제법이 이 당시에 국가의 무력행사를 위법한 것으로 규정하지 않았다는 것은 맞는 말이다. 그러나 당시의 국제법은 아직 충분히 성숙하지 못한 강대국 위주의 법이었으며 그로부터 불과 얼마 지나지 않아서 무력행사가 금지되었다.

여기서 잠시 국제법상 전쟁에 대한 규제의 역사를 살펴보자.

그리스·로마 시대부터 중세를 거쳐 근대에 이르기까지 전쟁 자체가 위법한 것으로 금지되어야 한다는 보편적 인식은 없었다. 대신 어떤 전쟁이 정당한 전쟁이고 어떤 전쟁은 그렇지 않은지가 문제시될 뿐이었다. 예컨대 중세에는 전쟁의 정당성의 근거가 신의 뜻이었다. 그러다가 중세 기독교 체제가 붕괴되고 평등한 주권국가들을 전제로 한 근대 국제법 체제가 형성되면서부터는 전쟁의 정당성도 묻지 않았다. 국제법은 그보다는 일단 발생한 전쟁이 지켜야 할 최소한의 규칙을 정하는 데 주력했다.

그러나 제1차 세계대전 직후부터 국제법은 전쟁 자체를 통제하기 시작했다. 주요 국가들이 모여서 국제연맹을 만들고 가맹국들 사이에 분쟁이 있을 경우에는 전쟁을 하기 전에 먼저 연맹이사회 심사나 국제법원의 재판을 신청하도록 한 것이다. 1928년에는 수많은 국가들이 전쟁을 아예 포기한다고 약속하는 〈부전조약〉(일명 Kellog-Briand Pact)을 체결했다. 제2차 세계대전이 끝나고 설립된 국제연합(유엔) 헌장은 무력 사용 자체를 금지했다.

이러한 국제법의 발전 추세를 고려할 때 구한말에 전쟁이나 무력 사용을 금지하는 국제법이 존재하지 않았다고 해서 그때 무력으로 위협하여 식민지화한 것에 아무런 문제가 없다고 말하는 것은 적절치 않다.

특히 국가 간 조약을 체결하는 데 있어서 당사자들에게 협박을 가하는 것은 당시의 법 해석으로도 허용되지 않는다고 볼 여지가 적지 않다. 당시 대한제국과 일본 사이에 체결된 〈을사늑약〉을 위시한 여러 조약들에 대해서는 강박, 전권위임장 및 비준의 결여 등 법적 관점에서도 여러 가지 하자들이 있다. 그럼에도 불구하고 당시 식민지화가 조약에 의해서 이루어진 것이므로 적법하고 문제가 없다는 일본의 주장은 강도가 집 주인에게 칼을 들이대고 집의 양도각서를 쓰게 해놓고 각서가 있으니 집을 합법적으로 양도받은 것이라고 주장하는 것과 다를 바 없다.

한일 간에 일제강점기에 체결된 조약의 적법성과 유효성에 대한 우리나라와 일본의 인식 차이는 1965년 체결된 한일협정에도 반영되어 있다. 〈한일기본조약〉 제 2조에서는 한국과 일본이 일제강점기에 체결한 기존 조약들이 "이미 무효already null and void"라고 규정했다. 그런데 그 조약들이 언제부터 무효인지에 대해서는 한일 간의 이해에 근본적인 차이가 있다. 우리나라는 그 조약들은 체결 당시부터 위법한 것이어서 무효라고 보는 데 반해, 일본은 체결 당시에는 합법이었고 유효했지만 해방 이후 1948년 정부 수립 무렵에(그래도 1965년 시점에서는 '이미'이다) 효력을 상실했다고 본다.

불법성 인정이 먼저다

한일협정 체결 당시부터 줄곧 식민지 지배의 불법성과 강제성을 부인하던 일본은 한일강제병합 100주년인 2010년에 비로소 간 나오토菅直人 총리가 "정치적・군사적 배경하에 당시 한국인들은 그 뜻에 반한 식민지 지배로 인해 나라와 문화를 빼앗기고…"라고 하여 식민지 지배의 강제성을 인정했다. 그 이후에도 최근까지 우리나라 정부는 일본에 대해서 아시아 여러 국가들에 대한 사죄를 표명한 1995년 무라야마 담화를 계승할 것만을 습관적으로 강조할 때가 많다. 하지만 나는 한반도를 특정해서 식민지 지배의 강제성을 처음으로 인정한 간 나오토 담화가 과거사에 대해서 훨씬 더 의미심장하다고 생각한다.

간 나오토 담화는 그럼에도 불구하고 여전히 당시의 식민지 지배가 불법이었다고는 인정하지는 않는다. 식민지 지배가 강제로 이루어진 것과 그로 인해 한국인들에게 엄청난 고통과 피해를 주었다는 것까지 인정하면서도 끝내 적법하다는 것이다. 위안부 문제에 대해 가장 진전된 입장으로 평가되는 1994년 고노 담화도 위안부의 모집 등이 "본인들의 의사에 반해" 이루어졌음을 인정했으나, 끝내 불법성은 인정하지 않은 것과 맥락이 같다. 이런 주장은 "강도나 강간을 했지만 불법은 아니다"라고 말하는 것과 마찬가지이다. 누군가에게 강제로 피해를 주었다면 특별히 위법성을 제거할 사유(위법성조각사유)가 없는 이상 위법하다고 평가되는 것이 법의 보편적・일반적인 원칙이다.

세월이 제법 흐른 오늘날까지도 일본이 과거사에 발목이 잡혀 있는 가장 중요한 이유는 과거 행위의 '불법성'을 깨닫거나 인정하지 못하기 때문이라고 생각한다. 일본이 거듭 반성과 사과의 의사를 표명했음에도 불구하고 진정성을 의심받는 것은 근본적으로 불법성을 인정하지 않기 때문이다. 불법적 행위를 한 적이 없다고 생각하는데 어떻게 과거를 진정으로 반성 내지 사과하고 새 출발을 도모할 수 있겠는가. 식민지 지배 자체가 적법인데 어떻게 독도 편입과 위안부 문제만 떼어내서 불법이었다고 할 수 있겠는가.

한 국가가 마음대로 다른 국가의 황제를 내쫓고, 왕비를 죽여서 불태우고, 대신들을 겁박하고, 궁을 무장 군인들로 둘러싸고, 타국에 군대를 주둔시킨 후 떠나지 않고, 자국의 전쟁 준비를 위해 타국 영토를 마음대로 사용하고, 고위 관료를 자국민으로 임명하고, 타국 국민들의 이름, 언어를 자국의 것으로 바꾸어 버리며, 타국 국민들을 자신들이 일으킨 전쟁에 징발하고 성노예 행위까지 강요한 데 대해서, 일본이 그 당시 법에 비추어 불법성을 인정할 수 없다는 입장을 고집하는 것을 도저히 포기할 수 없다면, 오늘날 관점에서라도 그 당시 일본의 행위들이 시대를 초월하여 인류가 보편적으로 지향해야 하는 법과 정의에 반하는 것이었다는 정도의 불법성이라도 인정할 수 있는 것이다. 그렇다면 그것은 미래의 양국 관계에 큰 변화를 만들어 낼 수 있다.

어떤 사람들은 일본이 불법성을 끝까지 인정하지 않는데 이제와서 한국이 계속 불법성을 따지는 것이 무슨 의미가 있는지 의문을 제기할 수도 있다. 그러나 일본의 불법성 인식은 재발 가능성과 밀접한 관련이 있기 때문에 이것은 단지 과거의 문제가 아니라 현재진행형의 문제이자 미래의 문제이다. 일본이 과거사의 불법성을 인정하면, 수상이나 정·관계 주요 인사들이 전쟁을 일으킨 범죄자들의 위패가 있는 야스쿠니 신사를 정기적으로 참배하고, 자라나는 후속 세대가 읽는 교과서에 과거의 불법행위들을 미화하며, 수상이 '침략'의 정의는 보는 각도에 따라서 다르다고 하고, 군비를 증강하고 교전권을 박탈한 평화헌법을 개정하려는 등의 일들에 대해서도 문제의식을 가지고 멈출 가능성이 높아지지 않겠는가. 일본도 한일수교 당시에는 불법성을 인정하지 못했지만 반세기가 지난 이제는 용기를 좀더 내면 좋겠다. 그래야 '강도나 강간은 맞지만 불법은 아니다'는 식의 어색한 논리에서 벗어나 문제를 근본적으로 해결할 희망을 찾을 수 있다. 일본의 과거사에 대한 불법성 인정은 수십 차례의 '사과'와 '반성'에 관한 언급보다도 재발 방지에 관한 한층 더 무거운 신뢰감을 줄 것이다.

우리나라도 정부는 물론이고 일반인들도 오랜 세월 일본에 대해서 불법성 지적은 하지 않고 주로 사과와 반성만을 요구해 왔다. 그러나 불법성 지적은 객관적, 법적인 것인 반면에 사과나 반성은 주관적, 도덕적인 것이라서, 우리 정부나 사회 전체가 일본 정부나 사회 전체에 사과나 반성을 요구하는 것이 적절한 것인지 의문이다. 일본 정부나 사회 전체가 진심으로 사과나 반성을 한다는 것이 과연 실질적으로 가능할까. 게다가 자발적인 것이 아니라 요구해서 받아 낸 사과나 반성이 무슨 의미가 있겠는가. 우리는 그저 일본에 대해서 과거의 행위가 불법이었다는 점만을 지적하는 것이 좋지 않을까 한다. 한국과 일본의 과거사 문제를 풀고 양국의 거리를 좁히기 위해서는, 비록 당시가 아니라 오늘날 관점의 법에 반한다는 의미의 불법성일지라도, 불법성 인정이 그 첫걸음이 될 수 있다고 생각한다.

국제법을 최대치로 활용했던 일본과
국제법을 잘 모르던 조선

일본은 한반도 주권침탈 과정에서 국제법에 대한 깊은 이해를 바탕으로 자국의 행위를 정당화하기 위해서 국제법을 그 한계까지 활용했다. 뒤에 설명할 독도 편입 과정이나 독도에 대한 영유권 주장을 펼칠 때도 마찬가지이다. 일본은 다른 서양문물과 마찬가지로 국제법을 받아들이는 데도 조선보다 훨씬 빨랐다. 구한말 대한제국이 일본에게 주권을 빼앗긴 원인에는 여러 가지가 있겠지만 국제법에 대한 이해와 활용도의 차이도 한몫한 것이다.

중국 중심의 전통적 사대질서

19세기 중반까지 동아시아의 국제질서는 중국 중심의 사대질서가 지배하고 있었다. 중세 서양이 교황을 정점으로 하는 국제질서를 이룬 것처럼, 과거 동아시아는 중국의 천자를 정점으로 제후들과 제후의 신하들로 이어지는 사대질서를 구축하였다. 이 질서에 들어가기 위해서는 중국이 그 자격을 인정해야 하는데, 이를 '책봉冊封' 관계라고 한다. 책봉이 된 제후들은 중국 천자에게 정기적으로 조공을 바쳐야 했다. 제후들이 중국 황제를 알현할 때에는 엎드려서 머리를 마루에 부딪치는 '고두叩頭'의 예식을 행해야 했다. 큰 나라는 작은 나라를 섬기고 작은 나라도 큰 나라를 섬기는 것이 '예禮'로 받아들여졌다. 예를 따르지 않으면 비례非禮를 범한 것으로서 징벌과 문책을 당하는 것이 정당화되었다. 따라서 예는 서양의 규범 내지 법에 비견되는 것이었다. 이러한 사대질서가 통용되는 세계를 '천하天下'라고 불렀다. 천하라는 세계 속에서 중국은 국내와 국외의 구분을 두지 않았으며, 다른 국가들과의 법률관계에 있어서도 국내의 법률관계와 구분하지 않고 같은 국내법을 적용했다.

이러한 천하의 질서를 붕괴시킨 현실적 계기가 바로 아편전쟁이었으며, 관념적 계기는 만국공법이라 불린 국제법이었다. 19세기 중엽 쇠락하던 청나라에게 서양세력은 한 손에는 대포를, 한 손에는 국제법을 들이대며 나타났다. 모든 주권국가들이 평등하다는 것을 기본 전제로 삼은 만국공법은 수직적이고 서열화된 질서를 근본으로 하는 전통적 사대질서를 뒤흔들었다.

만국공법의 중국 출현

그러자 청나라도 서양인들이 주장하는 새로운 국제법 질서를 무시할 수 없었다. 미국 법학자 휘튼H. Wheaton이 쓴 책 *Elements of International Law*를 마틴W. Martin이라는 미국인 선교사가 중국어로 번역한 원고를 청나라 정부가 1864년에 《만국공법萬國公法》이

새로운 국제법 질서를 널리 알린 휘튼의 《만국공법》 번역본

라는 제목으로 베이징에서 초판 300부를 출간한 것이다.

처음 마틴으로부터 출간 요청과 함께 이 책의 원고를 받았을 당시에는 청나라는 출간 의사가 불투명했다. 그러던 중, 1864년 유럽에서 프로이센과 덴마크 사이에 전쟁이 발발했다. 그러자 청나라에 주재하던 프로이센 공사가 프로이센 군함에게 톈진항 인근에 정박해 있던 덴마크 선박 3척을 나포하라고 명령했다. 그러자 청나라 관리들이 마틴이 준 《만국공법》 번역문 원고 속 중립국의 권리를 인용하면서 중립국인 청나라 연안에서 덴마크 선박을 나포할 수 없다고 항의했다. 그러자 프로이센 공사가 자신의 잘못을 인정하고 나포를 해제한 것은 물론 1,500달러의 배상금까지 지불했다. 이 일로 만국공법의 신통력을 체험한 청나라 관리들이 정부 차원의 출간을 결정한 것이다. 이후 마틴은 계속해서 서양 국제법 학자들의 저서를 번역해 《성초지장》(1876), 《공법편람》(1877), 《공법회통》(1880), 《공법신편》(1902) 등을 출간했다.

일본의 국제법 도입과 활용

한편 《만국공법》에 관한 소문은 출간 직후 곧바로 일본으로 흘러들어갔고, 바로 이듬해 《만국공법》이 일본에서도 발간되었다. 이 책은 후쿠자와 유키치福澤諭吉의 《서양사정西洋事情》과 함께 2대 베스트셀러가 될 정도로 인기가 있었다고 하니 당시 일본 사회에서 국제법에 대한 관심이 얼마나 높았는지 짐작할 수 있다.

일본은 이미 2년 전인 1862년 15명의 유학생을 유럽으로 파견했고 그중 일부는 네덜란드에서 국제법을 공부해 오라고 지시한 상태였다. 1873년에는 미쓰쿠리 린쇼箕作麟祥라는 인물이 '만국공법' 대신 '국제법'이라는 명칭이 더 적합하다고 설명하기 시작했고 1881년에는 동경대가 '국제법' 학과를 개설했다. 이후 일본에서 국제법 서적들이 다수 출간되어 중국으로 수출되면서 중국에서도 '국제법'이라는 용어가 보편화되었다. 1875년 운요호 사건을 일으켜서 〈강화도조약〉을 체결해 조선의 문을 열기까지 일본에서는 이미 10여 종의 국제법 서적들이 번역 발간된 상태였다.

일본이 1876년 조선과 〈강화도조약〉을 체결한 것도, 그 무렵 오가사와라小笠原 제도를 필두로 태평양의 작은 섬들을 일본 영토로 편입한 것도, 1905년 독도를 편입한 것도 모두 국제법을 적극적으로 이용한 조치들이었다. 서구 국가를 지향하던 일본은 국제사회에 자신들도 국제법을 지키는 문명국가임을 과시하고자 했다. 아메리카, 아시아, 아프리카를 침략하거나 식민 지배를 하면서 이를 국제법으로 정당화하는 서구 국가들을 보면서 국제법의 위력을 절감하기도 했을 것이다. 당시 국제법은 전통이 짧은 데다 유럽 국가들만을 국제법상의 국가로 본 초기의 태생적 한계 때문에 서구 열강들의 약소국 침탈을 정당화하는 측면도 있었다. 이를 본 일본은 국제법을 잘 활용하면 자신들이 다른 나라를 침략하더라도 합법화될 수 있다고 본 것이다.

조선에서의 국제법

중국식 사대질서 속에 있었던 조선에게 근대 국제법 질서를 가장 처음 강요한 것은 일본이었다. 일본은 운요호 사건을 빌미로 조선으로 하여금 1876년 이른바 〈강화도조약〉(〈조일수호조규〉)을 체결하도록 만들었다. 〈강화도조약〉은 조선이 기존에 사대교린 질서 속에서 체결하던 '약조約條'와는 형식 자체부터 판이하게 달랐다. 그 내용도 제1조에 조선은 자주국이며 일본국과 평등하다는 점을 천명하여 표면상으로는 근대 국제법상 주권평등 원칙에 입각한 조항을 삽입했다. 물론 이 조항에는 조선의 청나라에 대한 종속관계를 끊어 내어 일본의 영향력을 키우기 위한 숨은 의도가 있었다.

정확한 시점을 특정할 수는 없지만 조선은 1876년 〈강화도조약〉 체결 직전에 이미 《만국공법》을 입수한 상태였고, 〈강화도조약〉을 체결할 때도 만국공법의 개념을 아주 조금은 알고 있었다. 〈강화도조약〉 체결 이후에도 조선이 개항과 일본 외교사절 상주에 소극적이자, 1877년 하나부사 요시모토花房義質라는 일본인이 《만국공법》을 예조판서 조양하에게 기증했다. 《만국공법》에 나온 바와 같이 조선도 일본 외교사절의 상주를 허용하라고 설득하기 위해서였다. 외교사절 상주에 관한 조선과 일본의 입장 차이는 기존의 동양식 사대질서와 서구의 새로운 외교사절 제도의 차이를 대변하는 것이었다. 조선은 외국 사신이나 통신사를 길어야 보름 정도 맞이하는 것은 몰라도 다른 나라 관리들이 조선의 수도에 자국 공관을 설치하고 계속해서 머무른다는 개념을 도저히 받아들일 수가 없었다.

당시 국제법은 '공법公法'으로 불리기도 했다. 공법의 '공公'은 어느 한 나라가 자기만의 것으로 할 수 없다는 뜻으로 이해되었다. 조선에서는 개항 이후에도 공법의 중요성에 대한 인식이 쉽게 뿌리내리지 못했다. 1880년에 김홍집이 일본을 방문했다가, 러시아를 견제하기 위해서 조선이 미국과 수교조약을 체결해야 한다는 《조선책략》이라는 소책자를 받아 온 적이 있었다. 이런 내용이 알려지자 전국적인 위정척사운동이 일어나서 《조선책략》은 물론이고 《만국공법》과 같은 책은 요사스러우므로 모두 찾아 불태워야 한다는 상소가 빗발치던 시절이었다.

그러나 소수이지만 국제법을 배우려고 하거나 활용한 경우도 있었다. 개화파인 김옥균과 박영효는 여러 난관을 무릅쓰고 1879년 이동인을 일본 옷을 입고 말을 못하는 사람으로 가장시켜 일본으로 비밀리에 파견했는데, 그 첫째 목적이 바로 만국공법을 익히는 것이었다.

1883년부터 발간되어 열흘에 한 번 나온 신문 〈한성순보〉에는 국가, 주권, 조약, 중립 등 만국공법의 내용을 소개하는 논설들이 상당수 게재되었다. 1885년 5월 영국군이 거문도를 점령하자 김윤식은 "이 섬은 우리나라의 지방으로 타국이 점유할 수 없다. 만국공법에도 원래 이러한 이치는 없어 놀랍고 의심스럽다. … 귀국과 같이 공법에 밝은 나라가 이런 의외의 일을 하리라 어찌 알았겠는가"라고 항의했다.

1895년 일본이 명성황후를 시해하자 최익현은 "신은 각국이 통화通和하는 데에는 이른바 공법과 약조가 있다는 것은 들었으나 이웃 나라의 역적을 도와 남의 임금을 겁탈하고 남의 국모를 살해하는 약속의 글이 있다는 것은 알지 못합니다. 그런 이치가 없다면 그 이른바 공법과 약조는 무엇에 쓸 것입니까"라며 일본을 규탄했다. 또한 김익로라는 인물은 "오늘날 대소국가가 병렬하고 강국과 약국이 가지런하여 우주 내에 평균의 세력을 이루고 있는 것은 다름이 아니라 공법으로써 유지되고 있기 때문입니다. 만일 공법이 없다면 약육강식으로 하루라도 온전하겠습니까. 인접 나라의 내정을 간섭하는 것은 공법이 이미 허용하지 않는 바인데 범행을 자행하고 우리 국모를 시해하는 것이 가히 공법에서 빌릴 수 있겠습니까"라는 상소문을 올렸다.

1905년 〈을사조약〉이 체결되자 박제황은 상소문에서 《공법회통》을 인용하면서 "제 405장에 이르기를 조약을 서명했다 하더라도 그 조약을 반드시 준행할 의무는 없으며 그 군왕의 비준을 반드시 기다려 준행해야 한다고 합니다. 조약이 아직 비준되지 않았을 경우 다른 제한이 없으면 그것을 폐기하느냐 성립시키느냐 하는 것은 모두 그 나라의 편리함에 따른다고 되어 있습니다. 제 406장에는 만일 그 나라가 그 후에 비준하지 않으면 그 조약은 곧 폐지된다고 되어 있습니다"라고 했다.

의병장들도 국제법에 따라 일본을 단죄할 것을 주장했다. 안중근도 이토 히로부미를 암살한 직후 자신은 국제법상 포로로 대우받아야 한다고 주장했다. 1910년 〈한일강제병합조약〉이 체결되자 유인석은 일본이 한국을 침범한 것은 만국공법에 어긋나고 정의를 모멸한 것이니 세계 각국은 일본의 한국합방선언을 승인하지 말라고 요청했다.

이 모두가 현실적 힘이 부족한 우리나라 사람들이 국제법을 활용해서라도 일본의 침탈에 저항하려는 애처로운 노력이었다. 그러나 우리의 국제법 주장은 받아들여지지 않았고 결과적으로 서양이나 일본이 주장한 국제법 주장만 받아들여졌다. 그 당시 국제법은 현실의 힘의 우위를 뒤집을 힘이 없었을 뿐만 아니라, 국제법 자체가 강대국에게 유리하게 만들어진 기울어진 운동장 같은 것이었다. 이 때문에 일본 근대화를 이끈 대표적 학자인 후쿠자와 유키치는 100권의 《만국공법》이 대포 1문만도 못하다고 지적한 바 있다.

그러나 그렇다고 하더라도 조선이 국제법을 보다 일찍 이해하고 국제법을 활용해서 국제사회를 무대로 우리나라의 국제법적 권리를 보다 적극적으로 주장했더라면 우리가 식민지화를 피할 길이 열렸을지도 모른다. 또는 그렇지 않더라도 그렇게 짧은 시간 안에 주권을 빼앗기지는 않았을지 모른다.

국제법은 여전히 강대국을 위해 기울어져 있는 측면이 없지 않지만, 그럼에도 우리나라가 더 힘이 강한 나라를 상대할 때에 활용할 수 있는 방책으로는 국제법만큼 유용한 것을 찾기 어렵다. 국제법은 적어도 법적으로는 주권평등의 원칙에서 출발하기 때문이다. 특히 우리나라와 같이 국내시장이 좁아 수출의 비중이 크고 북한 때문에 안보문제도 심각하여 국제협력이 국가의 존립에 필수적인 국가에게는 국제법의 중요성이 더욱 커진다. 우리나라가 국제법을 제대로 활용하기 위해서는 국제법을 연구하는 사람들이 많아져야 한다. 또한 우리나라도 국제법을 잘 지켜야 한다. 그래야만 상대국에 국제법 준수를 주장할 수 있기 때문이다.

제2장

국제법상 영토귀속의 판단기준

외교부 제공

국제법에서는 어떤 영토가 어느 나라에 속하는지 어떻게 결정하는가

독도가 어느 나라 영토인지를 이야기하기 위해서는 먼저 국제법상 어떤 영토가 어떤 국가에게 속하는지를 결정하는 기준을 알아야 한다. 국내법상으로는 어떤 땅이 누구 소유인지를 확인하려면 부동산등기부를 떼어 보면 된다. 그 땅의 주소에 해당하는 부동산등기부를 떼어 보면 '갑구'라는 제목이 붙은 란에 소유자의 이름이 적혀 있다('을구'에는 저당권과 같은 그 밖의 권리의 명의자가 기재되어 있다). 부동산 소유권을 타인에게 넘겨주기 위해서는 해당 부동산의 소유권을 넘겨준다는 합의와 함께 부동산 등기부의 권리자 명의도 이전해야 한다. 그러므로 등기부를 확인하면 누가 소유권을 넘겨받았는지 확인할 수 있는 것이다.

그러나 주권국가들로 구성된 국제사회에는 부동산등기부 같은 영토 소유권 장부는 존재하지 않는다. 그렇다면 국제법상 어떤 영토가 어느 나라에게 속해 있는지 어떻게 확인할 수 있을까. 그 기준을 딱 한마디로 말하는 것은 쉽지 않다. 그 기준이라는 것이 그동안 축적되어 온 다양한 국제법 법리와 판례에 따라 중첩적, 다층적으로 존재하고, 그마저도 세월에 따라 변하기 때문이다.

초기 국제법상 영토귀속의 결정 방식

중세 유럽의 판단기준

국제법이 탄생하기 이전 중세 유럽에서는 영토가 왕의 개인 재산처럼 취급되었다. 왕이 죽으면 영토는 그 자식에게 상속되었다. 왕족이 결혼을 하면 그에 따라 영토의 주인이 변경되었다.

영토에 관한 국제법이 본격적으로 발전하기 시작한 것은 15세기 이후 서구 열강들 사이에 새롭게 발견된 신대륙 영토를 놓고 쟁탈전이 벌어지면서부터였다. 어떤 국가가 어떤 신대륙의 영토를 차지할 것인지를 판단할 수 있는 기준이 필요해진 것이다. 기존 국제사회라는 것은 유럽을 중심으로 그 외곽이 북부 아프리카와 중동 지방 등 지중해 주변을 벗어나지 못했으나 대발견시대 이후부터는 인도양과 대서양을 넘어서게 되었다.

교황의 권위

중세 유럽사회에는 신법Divine Law, 인간법Human Law, 자연법Natural Law의 세 가지 법체계가 존재했는데, 15세기 학자들은 이 중 신법이 최고 권위를 가지며 이를 교황이 구현한다고 보았다. 이를 근거로 당시 새로운 영토 취득은 오직 교황의 기증 문서를 근거로만 이루어질 수 있다고 보는 견해도 있었다. 교황과 가깝고 지리상의 발견에서 선두 주자였던 스페인이나 포르투갈이 그러한 입장을 취했다. 포르투갈은 모든 세상이 신에게 속하고 모든 사람이 신의 명령에 복종한다는 것을 전제로 교황의 교서들로 활동의 근거를 삼았다. 예컨대 1455~1456년에 나온 교황의 일부 교서들은 포르투갈에게 아프리카, 인도의 일부에 대한 배타적 권리를 부여했다. 또한 교황이 1479년 비준한 문서는 카나리아제도에 대한 스페인의 점유를 인정했다.

콜럼버스가 신대륙을 처음 발견함으로써 신대륙에 대한 권리를 두고 스페인과 포르투갈 사이에 최초의 영토분쟁이 생겼다. 스페인은 콜럼버스가 스페인의 지원을 받았음을 근거로 신대륙에 대한 자국의 권리를 주장한 반면, 포르투갈은 콜럼버스가 결혼 후 포르투갈에 거주했다는 점과 1455년에 발행된 교황의 교서에 따라 인도가 포르투갈의 구역에 속한다는 점을 내세웠다. 이때에도 교황은 아조레Azores섬과 케이프베르디Cape Verde섬으로부터 남서쪽 각 100리그 지점에서 북극과 남극에 연결되는 선을 그어서 이미 발견된 육지와 섬은 물론 아직 발견되지 않은 것에 대한 권원까지 스페인과 포르투갈 사이에 분배하는 내용의 교서 *Inter Caetera of Alexander VI*(1493)를 발령했다. 그러나 당시 교황은 상징적으로 최고의 지위에 있었을 뿐 유럽 영토를 실질적으로 좌우할 수 있는 힘과 권위를 가지지 못했다.

지리상의 발견과 후발주자들의 부상

이후 지리상의 발견에 있어 후발주자인 네덜란드, 영국, 프랑스의 활동이 활발해지는 등 유럽 국가들 사이의 신대륙 진출 경쟁이 격화되면서 교황의 권위는 더욱 실추되었다. 영국과 프랑스는 세계의 4분의 3이 자기 영토라고 주장하는 스페인과 포르투갈에게 반기를 들면서, 그 이론적 근거로 영토 취득을 위해서는 상징적 병합으로는 부족하고 실제적 점유가 필요하다고 주장했다. 영국의 엘리자베스 여왕은 1580년 스페인의 멘도자 대사에게 "인도가 교황의 기증으로 인해 스페인의 정당한 소유가 되었다는 주장은 인정할 수 없다. 영국은 이를 인정한 바 없고 이에 복종할 의무도 없다. 신대륙이 스페인의 봉토나 점유물도 아니다"고 선포했다.

네덜란드 학자이자 국제법의 아버지로 인정받는 그로티우스도 이 무렵 새로운 이론들을 창시했다. 그는 자연법에 따라 모든 사물을 최대한 효율적으로 활용하기 위해서는 공유하는 극장의 자리를 개인이 차지하거나 공유하는 음식을 개인이 섭취하듯이 개개인이 배타적으로 사용할 수밖에 없다고 보았다. 이러한 논리는 영토에 대해서도 가장 효율적으로 활용할 수 있는 국가가 배타적으로 차지할 수 있다는 논리로 이어진다. 그로티우스는 바다에 대해서도 바다는 모두가 공유하는 것으로 누구나 사용할 수 있다는 공해자유의 원칙을 주장했다.

서구 열강들 사이에서 신대륙 영토귀속을 판단하는 새로운 기준에 대해서, 처음에는 새로운 영토를 먼저 '발견'한 국가가 그 영토를 취득할 수 있다는 법리가 만들어졌으나, 얼마 가지 않아서 무주지의 발견만으로는 부족하고, 최소한의 '실효적 점유'를 해야만 한다는 법리가 우세해졌다. 이것이 '선점occupation' 법리로 확립되었다.

로마법상 사적 권리의 취득과 상실의 방식을 차용하던 시대

국제법 탄생 이래 20세기 초까지는 로마법상 사적 권리의 취득 및 상실 방식과 마찬가지로, 영토권원의 취득 및 상실 방식을 미리 제시해 놓고 그 방식의 요건을 갖추었는지 여부에 따라 영토권원의 취득과 상실을 인정하는 방법이 통용되었다. 그로티우스도 이미 17세기에 원시취득 방식으로 선점과 시효를, 2차적 취득 방식으로 양도, 하사, 유언에 의한 승계, 유언에 의하지 않은 승계, 전쟁 등을 들었다.

오펜하임을 위시한 19세기 말부터 20세기 초의 대표적인 국제법 학자들은 선점, 할양, 시효, 첨부, 정복병합의 5가지(그 밖에 7가지 또는 그 이상을 주장하는 학자도 있었다) 영토권원 취득방식을 정리해 제시하고, 이를 다시 원시취득을 통해 취득한 시원적 권원과 승계취득을 통해 취득한 파생적 권원으로 구분했다.

이 중에서 선점은 주인이 없는 땅인 무주지에 대해서 영유의 의사로 실효적 점유를 시작함으로써 권원을 취득하는 것이다. 할양은 국가 간의 합의로 영토의 주권이 이전되는 것이다. 시효는 오랜 시간 어떤 영토를 지배함으로써 권원을 취득하는 것이다.

첨부는 자연작용으로 영토가 확장되는 것을 말한다. 다만 이 중에서 정복 또는 정복병합은 오늘날 더 이상 국제법상 유효한 영토 취득 방식으로 인정되지 않는다. 20세기에 들어와서 국제법상 타국의 영토적 일체성이나 정치적 독립을 침해하는 무력행사가 금지되고(유엔헌장 제2조 제4항), 강박에 의한 조약은 무효라는 원칙(조약법에 관한 비엔나협약 제52조)이 수립되어 정복에 의한 영토 취득은 인정될 여지가 없어졌기 때문이다.

5가지 권원 취득방식들 중 대부분인 선점, 할양, 정복은 주로 식민지를 대상으로 한 권원 취득방식을 가리키는 용어이다. 이런 점에서 엿볼 수 있듯이 이들 권원들은 주로 서구 제국주의 국가들의 관점에서 비롯된 것이다. 선점의 요건인 무주지라는 것도 서구 열강들 중에는 주인이 없는 영토를 가리킨다. 선점의 전제 요건인 '무주지' 개념은 시대마다 달리 해석되었다. 로마제국 시대에는 비로마인이 사는 땅이 무주지였고, 중세 기독교 시대에는 비기독교인들의 영토가 무주지였으며, 서구 열강 중심의 제국주의 시대에는 서구 문명이 전파되지 않은 지역이 무주지로 취급되었다.

이러한 영토권원 취득과 상실 방식의 가장 중요한 특징은 권원을 취득하거나 상실할 수 있는 요건을 미리 제시해 놓고 이를 충족한 경우에만 권리의 취득과 상실을 인정한다는 것이다. 다시 말해서 미리 정해진 요건을 충족하지 않으면 권원을 취득할 수 없고, 일단 권원을 취득한 국가는 권원 상실 요건을 충족하지 않는 이상 기존에 취득한 권원을 그대로 보유한다고 보는 것이다.

이것은 사법私法인 로마법의 소유권 취득과 상실의 방식을 유추적용한 것이다. 법체계는 공법公法체계와 사법私法체계로 나뉜다. 공법체계는 국가의 공권력에 관한 수직적 질서를 규율하는 법체계를 말한다. 반면 사법체계는 대등한 일반인들 사이의 법률관계를 규율하는 법체계를 말한다. 국제법은 공법에 속한다. 서양은 물론이고 구한말 우리나라에서도 국제법을 '공법'이라고만 부르기도 했다. 특히 국가들 사이의 주권에 관한 규범은 공법 중의 공법이다. 국제법에서는 성격이 근본적으로 다른 사법을 공법에 유추적용하는 사법유추는 국제법이 충분히 발전하지 못한 국제법 여명기의 미숙함과 한계를 드러낸 것으로 본다. 그 미숙함 내지 한계로서 다음과 같은 점들이 지적된다.

첫째, 영토의 취득과 상실 방식은 로마법의 소유권 변동의 법리를 유추적용한 것이지만 소유권과 영토주권은 앞서 버스의 예를 들어 설명한 바와 같이(제1장 참조) 그 본질이 근본적으로 다르다. 둘째, 영토권원의 취득 방식은 권원을 취득하는 초기 국면에만 초점을 맞추기 때문에 그 이후에 영토를 둘러싸고 진행되는 복잡다단한 사정은 간과될 수 있다. 특히 영토관계에 있어서는 장기간에 걸친 묵인과 승인이 중요한 비중을 차지하는데 영토 취득 초기에만 집중해서는 이러한 사정을 전반적으로 평가할 수 없다. 셋째, 영토 문제는 그 기원이 오래전이기 때문에 취득 당시의 사실관계가 불명확한 경우가 많다. 요컨대, 로마법상 소유권 취득에 관한 법리를 유추한 영토권원의 취득과 상실 법리는 영토 주권의 귀속을 판단하는 데 있어서 근본적 한계가 있는 것이다.

팔마스 중재판정의 등장

사건의 개요

20세기 전반부터 일련의 국제 판례를 토대로 영토귀속의 판단기준으로 실효적 점유가 중시되기 시작했다. 그 대표적인 판례가 바로 미국과 네덜란드 사이의 팔마스Palmas섬을 둘러싼 영토분쟁에 대한 중재판정(이하 '팔마스 중재판정'이라 한다)이다. 팔마스 중재판정은 국제법상 영토주권에 관한 법리를 구체화하고 발전시키는 데 있어서 가장 광범위하고 결정적인 영향을 미친 기념비적 판례로 인정된다.

본 사건은 1906년에 당시 모로Moro지방 총독이었던 미국의 레너드 우드라는 장군이 팔마스섬을 방문했다가 이 섬에 네덜란드 국기가 게양되어 있는 사실을 발견하면서부터 시작되었다. 그 이후 네덜란드와 미국 간의 협상 결과 1925년 1월 23일 팔마스섬의 영토주권을 중재재판에 의해 결정하기로 하는 합의가 성립했다.

팔마스 중재판정 사건에서 미국이 내세운 권원은 발견이었다. 스페인이 17세기에 팔마스섬을 먼저 발견함으로써 권원을 취득했고, 이를 1898년 파리조약을 통해 스페인으로부터 할양받았다는 것이 미국 주장의 골자였다.

이에 대해 네덜란드는 적어도 1677년부터, 아마도 1648년 이전부터 네덜란드 동인도회사가 팔마스섬에 대해 주권을 보유 및 행사해 왔으며, 네덜란드가 원주민 왕들과 17세기부터 19세기에 이르기까지 여러 협정들을 체결함으로써 팔마스섬을 비롯한 인근 영토에 대해 주권을 확립했다고 주장했다. 네덜란드는 전통적인 영토취득 방식에 입각하여 자국의 권원 취득을 주장한 것이 아니라 자국의 주권행사가 지속되어 왔음을 강조한 것이다. 권원의 존부를 판단하는 데 있어서는 그 취득 당시의 기원만을 살펴보는 것으로는 불충분하고 그 이후의 발전과 지속 과정이 보다 결정적이라는 입장을 주장했다.

상대적 권원 비교를 통한 영토귀속 판단 방식

팔마스 중재판정은 영토주권을 판단하는 데 있어서 양측의 권원 중 어느 쪽이 '우월한 권원'인가를 따지는 이른바 상대적 권원 비교 방식을 채택했다. 이처럼 상대적 비교를 통해 권원의 존부를 판단하는 방식은 영미관습법의 영향을 받은 것이다. 영미관습법에서는 영토분쟁 소송에서 자기가 상대방보다 우월한 권원을 보유하고 있음을 입증하면 충분하며, 굳이 자신의 권원이 모든 사람에 대해 절대적으로 유효하다는 것까지 입증할 필요는 없었다.

이에 따라 팔마스 중재판정이 가장 중점적으로 비교한 것은 미국의 발견에 기반한 권원과 네덜란드의 지속적이고 평화로운 주권현시에 기반한 권원이었다. 팔마스 중재판정은 발견을 아무리 우호적으로 봐준다고 하더라도 미성숙 권원일 뿐이라고 하면서 이러한 미성숙 권원은 지속적이고 평화로운 주권의 표시에 기반한 확정적 권원을 능가할 수 없다고 보았다.

결론적으로 팔마스 중재판정은 미국의 권원은 평화롭고 지속적인 국가권능의 표시에 의해 뒷받침되지 않는 반면 네덜란드는 평화롭고 지속적인 국가권능의 표시라는 권원을 입증했다는 이유로 네덜란드의 손을 들어주었다.

지속적이고 평화로운 주권현시

팔마스 중재판정이 천명한 가장 중요한 명제는 "지속적이고 평화로운 영토주권의 현시는 권원과 마찬가지의 효과가 있다The peaceful and continuous display of territorial sovereignty is as good as title"는 것이다. 팔마스 중재판정은 더 나아가 지속적이고 평화로운 국가권능의 현시 자체를 '권원'이라 부르기도 했다. 또한 지속적이고 평화로운 주권현시가 실제적 국가권능의 현시를 동반하지 않는 권원에 앞서며, 그 이전에 존재했던 확정적 권원에도 앞선다고 했다.

이러한 팔마스 중재판정의 입장은 뒤에서 설명할 시제법 원칙과 결부되어 19세기 이후 사실상 모든 권원에 대해 지속적이고 평화로운 주권현시를 요구하게 되었고 이것이 뒷받침되지 않은 권원을 유명무실하게 만들었다. 팔마스 중재판정이 "지속적이고 평화로운 주권현시"를 영토주권 귀속의 판단기준으로 중시하는 주요 이유는 다음과 같다.

첫째, 국제관계에서 주권은 곧 국가의 독립을 의미하며, 국가가 독립적이라는 것은 그 국가의 영토 안에서 다른 국가를 배제하고 국가 기능을 배타적으로 행사한다는 것을 의미한다.

둘째, 기존 국제법상 영토권원들은 모두 실효성에 바탕을 두고 있다. 선점, 정복은 실효적 장악 행위에 기반하고, 할양은 영토를 실효적으로 처분할 수 있는 능력을 전제로 하며, 첨부는 실효적 주권이 존재하는 영토에서 이루어진다. 영토주권을 구성하는 데 결정적인 실효성이 영토주권을 유지하는 과정에서도 결핍되어서는 안 된다고 보는 것이 자연스럽다.

셋째, 18세기 중반 이래 국제법은 점유가 실효적일 것을 요구해 왔는데 이 실효성은 영토주권의 취득뿐만 아니라 유지를 위해서도 똑같이 요구되는 것으로 보는 것이 마땅하다.

넷째, 한쪽 당사국이 실제적으로 주권을 행사했다고 주장하는 경우 상대방 당사국으로서는 어떤 특정 시점에 영토권원을 유효하게 취득했다는 점을 입증하는 것만으로는 충분하지 않고 그 영토주권이 결정적 시점에 이르기까지 계속 존재했다는 점을 입증해야 한다.

다섯째, 국내법과 달리 국제법은 초국가적인 정부가 없어서 실효성이 동반되지 않는 추상적 권리를 인정하고 운영하기 어렵다.

그 밖에도 팔마스 중재판정의 입장에는 영미관습법의 영향도 있는 것으로 보인다. 영미관습법에서는 소유와 점유가 명백하게 구분되지 않고 완전한 점유부터 완전한 소유까지 다양한 정도의 차이가 존재했다. 이는 소유와 점유를 분명히 구분한 로마법과 대조되는 점이다. 지속적이고 평화로운 주권현시의 기준은 1933년 상설 국제사법재판소의 동부그린란드 판결에서 계승된 이래 수많은 판례에서 채택되었다.

그러나 팔마스 중재판정에 대한 비판적 시각도 없지 않다. 팔마스 중재판정이 '지속적이고 평화로운 주권현시'가 권원과 마찬가지의 효과가 있다고 보거나 더 나아가 이를 '권원'이라 호명하면서 권원과 실효성을 구분하지 않는 점을 지적하는 경우도 있다. 법과 사실은 구분되고, 권리 자체와 권리의 존재를 확인할 수 있는 증거도 구분되는 것이 법의 일반적 원리이기 때문이다. 예컨대, 어떤 국가가 영토권원을 보유하면 영토주권을 행사할 수 있다는 점에 착안해서, 역으로 영토주권의 행사라고 볼 수 있는 행위들이 확인될 경우 이를 근거로 그 행위자가 영토권원을 보유하고 있을 가능성이 있다고 추정할 수도 있지만, 그렇다고 해서 그 경우 항상 영토권원의 존재를 단정할 수 있는 것은 아니다. 이러한 지적 때문인지 1990년대 이후 국제재판소의 판례들은 권원과 실효성을 구분하고 권원을 우선시하는 경향을 보이기 시작한다.

실효적 점유와 실효적 지배

팔마스 중재판정은 '지속적이고 평화로운 주권현시' 외에 '실효적 점유'라는 용어를 사용하기도 한다. 즉, 18세기 중반 이래 국제법은 점유가 실효적일 것을 요구해 왔다거나, 18세기 중반 이래 영토주권 주장을 구성하기 위해서는 점유가 실효적이어야 한다는 원칙이 확립되었다거나, 미성숙 권원은 합리적 기간 안에 실효적 점유에 의해 완성되어야 한다고 판시한 것이다. '실효적 점유'는 점유가 명목적인 것이 아니라 실효적일 것을 요구하는 것이며, '지속적이고 평화로운 주권현시'는 점유의 실효성 존부를 판단하는 보다 구체적인 기준이라고 할 수 있다.

언론이나 일부 독도 영유권 연구자들에 의해 '실효적 지배 effective control'라는 용어도 곧잘 사용되나 '실효적 점유'와 '실효적 지배'가 동일하다고 보이지는 않는다. '지배'와 '점유'의 개념 자체가 같다고 보기 어렵고, 팔마스 중재판정이나 다른 영토분쟁 판례도 영토주권행사의 실효성과 관련해서 '실효적 지배'라는 용어를 사용한 경우가 거의 없다. 학계에서도 '실효적 지배'라는 개념이 널리 공통적으로 확립되었다고 보기는 어렵다.

팔마스 중재판정이 가져온 변화

특정 요건을 충족했는지 여부를 기준으로 영토권원의 취득 여부를 따지던 기존 법체계를 대신하여 팔마스 중재판정 이래 국제 판례가 영토주권의 귀속을 판단하는 데 있어서 지속적이고 평화로운 주권현시 기준을 채택함으로써 영토주권의 귀속에 관한 법리는 다음과 같은 특성을 띠게 되었다.

첫째, 동태성이다. 기존의 법리에 있어서는 영토권원의 취득과 상실 국면에만 초점을 맞춘 반면, 팔마스 중재판정의 주권현시 법리는 시제법 원칙과 결부되어 권원의 취득과 존속을 하나의 연속적 과정으로 동태적으로 파악한다.

둘째, 비형식성이다. 기존의 법리는 5가지 방식을 통해서만 영토권원을 취득할 수 있었다면 팔마스 중재판정의 법리 이후에는 그 밖에 영토에 관한 복잡다단한 다양한 사정들도 포섭해 판단할 수 있게 된다.

셋째, 국제성이다. '지속적이고 평화로운 주권현시'에서 평화롭다는 것은 다른 국가들과의 관계에서 평화롭다는 의미이다. '현시'도 다른 국가들이 인식할 수 있는 상태를 가리킨다. 한 국가의 권원의 존부가 이웃 국가의 권원과의 상대적 관계에 의해 정해지는 방식도 영토귀속 결정 문제의 국제적 성격을 보여 준다.

시제법

팔마스 중재판정의 또 다른 큰 의의는 시제법을 정립해 제시한 것이다. 팔마스 중재판정이 밝힌 시제법은 다음과 같다.

> 연속하는 각 시기에 어떤 법체계가 적용되어야 하는가의 문제(이른바 시제법)에 있어서 권리의 생성과 권리의 존속은 구별되어야 한다. 권리를 생성하는 행위는 그 권리의 생성 당시에 유효한 법에 따라야 한다는 바로 그 원칙이 권리의 존속이, 다시 말해 그 지속적인 현시가, 법의 발전에 의해 요구되는 조건을 따라야 한다는 것을 요구한다.

팔마스 중재판정이 제시한 시제법은 두 가지 원칙으로 구성된다. 첫째는 권리의 생성에는 생성 당시의 법이 적용된다는 것이다. 둘째는 권리가 존속하기 위해서는 법의 발전에 따라 요구되는 조건들을 따라야 한다는 것이다. 이러한 시제법에 따르면 권리가 존속하기 위해서는 법의 발전에 따라 요구되는 조건을 갖추어야 한다. 영토에 관한 국제법 변경으로 가장 중요한 것은 영토권원 취득이나 유지를 위한 국가의 점유에 실효성이 요구된 점이다.

팔마스 중재판정은 중세 말기와 19세기 사이 국제법이 근본적 변혁을 겪었으며 18세기 중반부터 지구상 대부분 지역이 국가들의 주권 아래 있고 통치자가 없는 영토는 비교적 드문 것이 현실이 되었다고 보았다. 따라서 시제법에 따르면, 그 이전에는 실효성을 갖추지 못한 권원이라고 하더라도 늦어도 19세기경부터는 실효적 점유를 동반해야만 해당 국가가 해당 영토에 대한 권원을 지속적으로 유지할 수 있다. 즉, 기존에 확정적으로 성립한 권원도 시제법에 따라 새롭게 요구되는 조건인 실효적 점유를 갖추지 못하면 더 이상 유효하게 영토주권을 뒷받침하지 못한다는 것이다.

이러한 법리에 따르면 실효적 점유를 동반하지 못했거나 그러한 증거를 갖추지 못한 매우 오래 전에 성립한 역사적 권원은 19세기 이후의 관점에서는 권원으로 유효하게 존속할 수 없다는 결론에 이르게 된다. 다시 말해서 예컨대 15세기에 역사적 권원이 성립했다고 하더라도 그 권원이 18~19세기에 들어서까지도 실효성을 갖추지 못하는 경우에는 유효한 권원으로 존속할 수 없다. 1953년에 나온 영국과 프랑스 사이의 망끼에르 에끄레오 판결이 프랑스 왕의 시원적 중세의 권원이 시제법에 따라 다른 유효한 권원으로 치환되지 않으면 오늘날 아무런 법적 효력을 발휘할 수 없다고 판시한 것도 같은 맥락이다. 이것이 바로 오늘날 영토분쟁에 있어서 실효적 점유가 그토록 중시되는 이유이다.

결정적 기일

결정적 기일은 영토분쟁 재판에 있어서 어떤 영토가 어느 나라의 영토임을 판단하는 기준이 되는 시점을 말한다. 어떤 영토가 어느 나라의 주권에 속하는지를 판단하기 위해서는 시간이 특정되어야 한다. 같은 영토라도 특정된 시간에 따라서 주권자가 달라지기 때문이다. 예컨대 만주 지방을 지배하던 국가는 시대에 따라 중국, 고구려, 발해, 일본 등으로 달라진다.

통상적으로는 해당 분쟁이 처음 촉발된 시점을 결정적 시점으로 본다. 분쟁이 촉발된 이후에는 서로 자신에게 유리한 상황을 인위적으로 조성할 가능성이 있고 그러한 사정까지 영토분쟁 재판에 고려하게 되면 그 과정에서 위험한 상황이 촉발될 수 있기 때문이다. 결정적 기일 법리의 취지는 실질적으로 그 기일에 시간이 멈추고 모든 상황이 동결된 것으로 간주한다는 것이다. 국제법학계에서는 흔히 이를 두고 분쟁이 '결정화'되었다고도 한다. 그 뒤에 일어난 일들은 결정적 기일 당시의 상황을 변경하는 쪽으로 작용할 수 없고 원칙적으로 영토분쟁 재판에서 판단 대상으로 고려되지도 않는다.

다만 결정적 기일 이후의 행위라고 하여 재판에서 무조건 고려되지 않는 것은 아니다. 1953년의 망끼에르 에끄레오 판결이나 2002년의 리기탄 시파단 판결 등은 관련 당사국의 법적 지위를 개선하기 위한 조치가 아닌 이상 분쟁이 발생한 이후의 후속 행위도 고려된다고 보기도 했다.

제3장

시마네현의 독도 편입

외교부 제공

나카이 요자부로의 독도 임대 청원

오늘날 한일 간 독도 문제는 1905년 일본의 독도 편입으로부터 시작되었고, 이 독도 편입은 나카이 요자부로中井養三郎라는 인물로부터 시작되었다. 러시아 블라디보스토크Vladivostok와 일본 오키섬隱岐島 근해에서 잠수 장비를 사용해 해삼 등의 어업을 하던 그는 우연히 독도에 많은 강치가 서식한다는 것을 알게 되었다. 강치는 바다사자의 일종이다. 물개와 형태는 유사한데 덩치가 몇 배나 크다. 물속에서 지낼 때도 있지만 번식과 출산을 위해 바위에 올라와서 지낼 때도 많다.

나카이 요자부로는 1903년 5월 오키섬의 어부들을 고용해서 독도에 넘어가 움막을 짓고 본격적인 강치잡이에 착수했다. 당시는 러일전쟁이 임박했다는 소문이 무성한 때여서 가죽값, 기름값이 급등한 상황이었다. 그는 강치를 잡으면 가죽은 소가죽 대용으로, 지방은 기름으로, 찌꺼기는 아교로, 뼈와 가루는 비료로 활용할 수 있다고 생각했다. 그러나 다른 어부들도 몰리는 바람에 경합을 하여야 했다. 이에 그는 조선령인 독도를 독점 임대해서 강치어장을 독점할 방법을 물색하기 시작했다.

나카이 요자부로는 강치잡이가 끝난 직후 1904년 9월 도쿄로 올라가 어업을 관할하는 주무부서인 농상무성을 찾아갔다. 그도 독도가 조선령이라고 생각했음에도 불구하고 조선 정부가 아니라 일본 정부의 농상무성을 찾아간 것은 당시 일본인이 한국 영토를 임차하고자 할 경우에도 일본 정부에 요청해야 했기 때문이다. 그로부터 한 달 전인 1904년 8월 22일에는 〈제 1차 한일협약〉이 체결된 상태여서 조선은 일본 고문의 말을 듣고 정책을 결정해야 하는 처지에 있었다.

나카이 요자부로는 고향 지인의 소개로 수산국장 마키 나오마사牧朴眞를 만나게 된다. 마키 나오마사는 1903년 1월 출간된 《한해통어지침韓海通漁指針》의 발간사를 써주면서 그 책을 자세히 읽어 보았다며 극찬했다. 그런데 그 책 강원도 편에서는 울릉도와 독도를 설명했으므로, 그 글이 옳다면 독도가 한국령임을 알고 있었을 것이다. 그럼에도 나카이 요자부로를 만난 마키 나오마사는 독도가 한국령이 아닐지도 모르므로 해군 수로부장 기모쓰키 가네유키肝付兼行에게 확인할 것을 권유했다.

기모쓰키 가네유키는 측량 전문가로 16년간 해군 수로부장을 지내고 해군 중장에까지 오른 인물이다. 그는 일본 해군 수로국에서 발행한 《조선수로지朝鮮水路誌》(1894, 1899)의 편찬 책임자이기도 하다. 《조선수로지》 제 4편 '조선 동안 및 제도'에서는 독도를 울릉도와 함께 소개한 반면, 《일본수로지日本水路誌》(1892) 제

4권 제 3편 '본주 북서안'에는 오키 섬은 기재되었지만 독도는 기재되지 않았다. 이로 미루어 볼 때 기모쓰키 가네유키도 독도가 조선령이라고 인식했음을 알 수 있다. 그럼에도 불구하고 그는 나카이 요자부로에게 "독도는 주인 없는 땅이며, 본토로부터의 거리도 일본 쪽이 10해리는 더 가깝다"고 설명하면서 "일본 땅으로 편입하는 것이 당연하다"고 했다.

나카이 요자부로

이에 힘을 얻은 나카이 요자부로는 1904년 9월 29일 자로 일본 정부에게 독도를 편입한 후 자신에게 임대해 줄 것을 청원하는 문서를 내무성, 외무성, 농상무성 대신 앞으로 제출했다. 당초 조선 정부에 임대 청원을 하고자 일본 정부를 찾아갔던 나카이 요자부로는 일본 정부 당국자들과 상의하고 나더니 당초 계획을 변경하여 일본 정부를 상대로 독도 임대 청원을 하게 된 것이다.

내무성 입장:
독도는 한국령

나카이 요자부로의 청원에 대하여 당시 내무성 당국자인 이노우에井上 서기관은 "이 시국에 한국령으로 여겨지는 풀 한 포기 나지 않는 암초를 얻어 우리를 주목하는 여러 나라에게 일본이 한국을 집어삼키려는 야심이 있다고 의심하게 하는 것은 득보다 실이 많으며, 일을 성사시키는 것이 결코 쉽지 않다"라고 말하며 나카이 요자부로의 청원이 각하될 것이라고 했다.

이노우에 서기관이 언급한 '이 시국'에는 당시의 몇 가지 상황이 관련될 수 있다. 하나는 러일전쟁이 벌어지는 상황이고, 다른 하나는 한반도 침략이 진행되는 상황이다. 일본은 진작부터 조선은 물론 청나라나 러시아 등으로부터 조선을 집어삼키려는 의도가 있다고 의심받아 왔다. 그러나 일본은 한국의 반발과 다른 국가들의 견제를 피하기 위해 이러한 의도를 계속해서 부인해 왔다.

나카이 요자부로가 청원하기 불과 얼마 전인 1904년 2월 러일전쟁을 구실로 서울에 군대를 주둔시키고 〈한일의정서〉를 체결할 때에도 일본은 한국의 독립을 확실하게 보증한다는 조항을 삽입함으로써 한국 침략 의도를 감추려고 했다. 그러니 이 시국에 한국령으로 여겨지는 독도를 편입한다면 한국에 대한 침략 의도가 국제적으로 노출될 수 있다는 우려를 한 것으로 보인다.

그런데 당시 내무성의 이노우에 서기관은 왜 독도를 한국령으로 보았던 것일까. 약 30년 전에 이미 내무성이 독도가 한국령이라는 결론을 내린 바 있었기 때문이다.

그로부터 약 30년 전인 1876년으로 거슬러 올라가 보자. 당시 9년 차였던 메이지 정부는 근대적인 지도와 지적 편찬사업을 하고 있었다. 내무성의 지리 담당자들이 1876년 10월에 시마네현을 방문해 지적 편찬에 필요한 내용을 조사했는데 그 과정에서 울릉도와 독도를 지적에 포함시킬지를 최종 결정해야 되는 상황에 봉착했다. 그러나 시마네현은 정확히 모르겠다는 입장이었다.

그러자 내무성 직원들은 시마네현에 울릉도를 시마네현 지적에 편입시켜도 되는지를 내무성에 질의해 줄 것을 권고했다. 이에 시마네현은 내무성에 울릉도와 독도를 지적에 편입해도 되는지를 묻는 취지의 "일본해 내 죽도(울릉도) 외 일도 지적 편찬 방사日本海內竹島外一島地籍編纂方伺"를 제출하면서, 울릉도와 독도를 개략적으로 그린 〈기죽도약도磯竹島略圖〉를 첨부했다.

내무성은 자체적으로 약 5개월에 걸쳐 1690년대에 조선과 막부 사이에 울릉도를 놓고 영토분쟁을 벌였던 울릉도쟁계를 면밀히 조사한 결과, 울릉도쟁계를 통해 울릉도와 독도가 조선령으로 매듭지어졌다는 결론을 내렸다.

울릉도쟁계:
울릉도 영유권 분쟁을 해결한 외교적 성과

울릉도쟁계의 의의

여기서 내무성 판단의 근거가 된 울릉도쟁계라는 사건에 대해서 알 필요가 있다. 울릉도쟁계는 독도 영유권을 뒷받침하는 가장 중요한 사건이라고 할 수 있다. 울릉도쟁계는 1690년대에 울릉도를 놓고 조선과 일본 막부가 영유권 분쟁을 벌여서 외교 서신 교환 끝에 울릉도가 조선령임을 양국이 인정한 사건이다. 오늘날 울릉도보다 훨씬 작은 독도 문제도 양국 간에 제대로 해결되지 않고 있는데, 당시 울릉도에 대한 영유권 분쟁을 외교 서신 교환으로 해결했다는 것은 대단한 성과가 아닐 수 없다.

조선의 공도정책과 일본의 도해면허

조선은 15세기부터 울릉도에 사람들이 건너가는 것을 금지하는 이른바 '공도정책'을 취하고 있었다. 백성들 중에 군역이나 징세를 기피하기 위해서 울릉도로 도망하는 사람들이 있었기 때문이기도 하고, 왜구의 침입으로 우리 백성들이 괴롭힘당해서 문제가 발생하는 것을 예방하는 차원이기도 했다.

한반도는 고려시대부터 왜구의 습격에 시달려 왔다. 조선이 건국 초에 육군 외에 별도로 수군을 창설한 것도 왜구를 방어하기 위해서였다. 그러다가 아예 정책을 바꾸어서 부산에 왜관을 설치하여 왜인들이 정식으로 무역업을 할 수 있도록 양성화된 길을 터 주었다.

일본 어민들은 이러한 공도정책을 틈타서 울릉도까지 건너와서 어업을 했다. 특히 17세기 초부터 호키국 요나고의 두 집안, 오야가家와 무라카와가家에게 울릉도로 건너가서 전복 채취 등 어업을 할 수 있는 권리인 도해면허를 발급해 주었다. 일본은 이러한 사정을 자국의 독도 영유권 근거의 첫머리로 주장하고 있다. 일본 어부들이 울릉도로 건너가는 길에 독도를 경유하면서 자연스럽게 영유했다는 것이다.

안용복의 활약

한편 부산에 설치된 왜관에서 일본어 통역을 하던 인물이 바로 안용복이다. 그 당시 일본어 통역을 할 줄 안다는 것은 귀한 능력이었고 통역은 무역과 같은 비즈니스에 요긴하게 활용되었을 것이다(일본 어부들과 충돌한 점 등을 비롯해서 여러 정황을 볼 때 안용복은 통역만 했던 것은 아니고 그 당시 가장 유망한 비즈니스였던 어업에도 직간접적으로 관여한 것이 아닐까 개인적으로 추측한다).

안용복은 박어둔 등과 함께 1693년에 울릉도 근해로 갔다가 일본인들이 그곳에서 어업을 하는 광경을 목격하고는 다투다가 돗토리번과 나가사키로 끌려가서 조사를 받게 되었다. 이 사건을 보고받은 에도 막부는 조선 정부와 울릉도의 귀속에 대해서 몇 차례 문서를 주고받으면서 논쟁을 벌인다. 그 과정에서 막부는 돗토리번에 죽도(울릉도) 외에 (돗토리번에 속한) 이나바와 호키국에 부속하는 섬이 있는지를 물었고, 돗토리번은 죽도(울릉도)와 송도(독도) 외에 부속하는 섬이 없다는 회신을 막부에 보냈다. 이런 보고를 받은 막부는 1691년 1월에 더 이상 울릉도에 건너가지 말라는 도해금지령을 발령했고, 이로써 울릉도쟁계는 일단락된다. 이 사건은 '다케시마 일건'이라는 사건으로 일본에도 기록이 풍부하게 남아 있다.

일본은 이러한 사정을 두고 돗토리번이 울릉도와 독도가 자기 영역이 아니라고 했음에도 막부가 울릉도만 도해금지를 했으므로 독도에 대해서는 일본령으로 본 것이라고 주장한다. 그러나 막부가 울릉도에 대해서만 도해금지를 한 것은 울릉도가 독도를 포함했을 뿐만 아니라, 도해금지의 전제가 되었던 기존의 도해면허가 울릉도에 대해서만 발부되었기 때문이다. 도해금지령은 도해면허를 취소한다는 취지였던 것이다.

안용복은 이후 1696년에도 울릉도 근해로 갔다가 또다시 일본 어부들을 만나서 일본으로 건너갔는데, 이번에는 자신을 울릉도와 독도에 대해서 세금을 징수하는 관리라고 사칭하면서 울릉도

뿐만 아니라 독도도 조선령임을 명확히 밝혔다. 그리고 강원도 양양을 통해서 조선으로 귀국하다가 조선 관리들에게 공도정책에 반해서 울릉도로 갔다는 죄목으로 잡혀서 조정으로 압송되었다. 조정에서는 안용복을 도해가 금지된 울릉도로 건너간 죄와 관리를 사칭한 죄를 물어서 사형에 처해야 한다는 의견도 있었으나, 남구만 등의 신하가 일본이 울릉도에 대한 도해금지령을 내린 것은 큰 공을 세운 것이라고 주장해 유배형으로 감형받는다. 다만 기록에는 안용복이 어디로 귀양 갔는지는 나와 있지 않다. 이를 두고 사람들은 조선 정부가 큰 공을 세운 안용복을 실은 귀양이 아니라 다른 곳에 모셔서 특별한 임무를 맡겼다거나, 울릉도에 보내서 울릉도를 지키도록 했다고 추론하기도 한다.

국제법적 함의

울릉도쟁계는 국제법적 관점에서도 큰 의의가 있다. 당시 조선과 일본이 울릉도와 독도가 조선령임을 확인하는 '합의'를 한 것으로 평가할 수 있는 것이다. 2008년 국제사법재판소에서 나온 싱가포르와 말레이시아 사이의 페드라브랑카섬 영유권 분쟁에 대한 판결은 영토주권의 이전은 당사국들 사이의 합의agreement를 통해서 이루어질 수 있다고 천명하면서, 그러한 합의는 조약과 같이 명시적 형태를 띨 수도 있지만 여러 사정에 비추어서 묵시적 합의로도 이루어질 수 있다고 판시했다.

부산 수영사적공원 내에 자리한 안용복 동상

울릉도쟁계 당시에 영유권 귀속에 대해서는 울릉도가 주된 논의 대상이었지만 여러 주변 사정에 비추어 볼 때 독도도 묵시적으로 포함되었다고 볼 수 있다. 돗토리번이 막부에 회신한 문서에 독도가 포함되었음에도 불구하고 막부는 조선 정부에 보낸 서신에서 독도에 대해서는 별다른 언급을 하지 않았다. 막부가 1691년 1월 도해금지령을 발령한 뒤 안용복이 일본에 가서 독도가 조선령임을 명확히 밝혔음에도 일본은 별다른 이의를 제기하지 않았다. 울릉도쟁계 이후 1905년 시마네현 불법 편입 이전까지는 조선과 일본의 무수한 지도와 기록이 울릉도와 독도를 그 귀속을 제각기 다른 나라의 것으로 구별하지 않고 항상 함께 일본령에서 배제시켰다. 《신증동국여지승람》, 《만기요람》, 《동국문헌비고》도 울릉도와 독도를 한 묶음으로 취급하며 우산국 영토였다고 했다. 일본 측의 《원록구병자년조선주착안일권지각서》, 《은주시청합기》, 《태정관지령문》, 《조선국교제시말내탐서》 등도 대체로 울릉도와 독도 모두 일본령이 아니라는 취지를 나타냈다.

요컨대, 1696년경 조선과 일본 막부는 울릉도와 독도가 조선령이라는 데 합의했고, 그 이후 1905년 시마네현의 불법적인 독도 편입이 있기 전까지 일본도 이를 명시적, 묵시적으로 인정했다고 할 수 있다.

태정관지령:
독도는 일본과 무관함

내무성은 울릉도와 독도가 조선령이라는 결론을 내렸지만 영토 문제는 중요하기 때문에 독자적으로 결정할 수 없다고 보고 국가 최고기관인 태정관太政官에게 최종적인 결정을 구했다. 태정관은 일왕 바로 아래의 국가 최고의결기관으로서 입법·행정·사법 기능을 모두 총괄하는 최상위 기관이었다. 지금 우리나라로 치면 대통령실과 위상과 기능이 유사하다고 볼 수 있다.

내무성의 요청을 받은 태정관은 심사 결과 1877년 "죽도 외 일도(울릉도와 독도)를 일본의 판도 외로 정한다", "죽도 외 일도는 일본과 관계가 없다"는 결정을 내렸다. 이 지령문에는 총 7개의 도장이 찍혀 있는데, 인감을 검토해 보면 태정관 소서기관, 태정관 우대신右大臣, 태정관 조사국장관, 태정관 대서기관, 대장경大藏卿, 외무경外務卿, 사법경司法卿 등의 날인이 있다. 대장경, 외무경, 사법경은 오늘날로 치면 경제부, 외무부, 법무부 책임자를 말한다.

태정관지령을 두고 어떤 일본 학자는 태정관지령의 '죽도 외 일도' 중 '일도'가 독도가 아니라는 주장을 하기도 한다. 그러나 시마네현이 내무성에 질의할 당시에 첨부한 〈기죽도약도〉라는 지도와 '유래의 개략'이라는 경위서를 보면 이 '일도'가 과거 일본이 독도를 칭하던 이름인 '송도松島'임을 명확하게 알 수 있다.

이에 일부 일본 학자들은 태정관지령은 울릉도와 독도가 일본령이 아니라고 했을 뿐 조선령임을 인정한 것은 아니라고 변명하기도 한다. 그러나 태정관지령과 그 근거가 된 내무성 보고서가 조선과 있었던 울릉도쟁계를 검토한 결과임을 고려하면 이러한 변명이 잘못된 것임을 쉽게 알 수 있다. 울릉도쟁계 이후 독도 편입이 있었던 1905년까지 메이지 정부에 의해 제작된 6~7종의 관찬 지도 역시 하나같이 울릉도와 독도를 조선령으로 표기했다. 어떤 일본 학자는 심지어 당시 일본이 명칭을 혼동했기 때문에 태정관지령의 '죽도 외 일도'라는 두 섬이 모두 울릉도를 가리킨다는, 그 자체로 합리성이 결여된 주장을 하기도 한다.

여기서 태정관지령과 관련한 일화를 하나 소개하고자 한다. 태정관지령은 1987년 호리 가즈오堀和生라는 교토대 교수가 "1905년 일본의 다케시마竹島 영토 편입"이라는 논문에서 언급하면서 세상에 널리 알려졌다. 그런데 호리 교수가 국립공문서관에서 태정관지령을 열람할 때 자신보다 앞서 그 자료를 열람한 사람들의 이름이 기록되어 있었는데 그중에 가와카미 겐조川上健三가 있었다고 한다. 가와카미 겐조는 제 2차 세계대전 종전 이후 일본 외무성에 근무하면서 독도 문제에 관여한 외교관으로, 그가 쓴 《다케시마

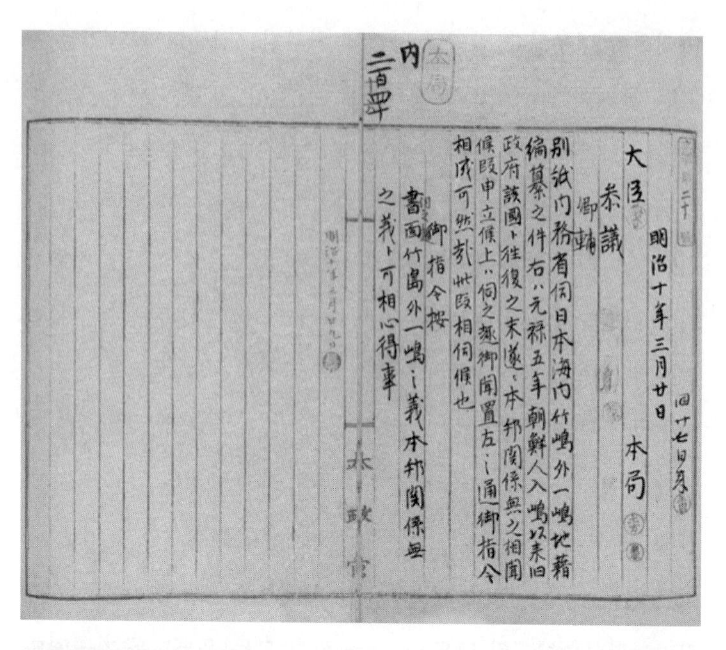

明治十年三月廿日

大臣　本局

参議

別紙内務省伺日本海内竹嶋外一嶋地籍編纂之件右ハ元禄五年朝鮮人入嶋以来旧政府該国ト往復之末遂ニ本邦関係無之相聞候段申立候上ハ伺之趣御聞置左之通御指令相成可然哉此段相伺候也

御指令按

書面竹島外一嶋之義本邦関係無之義ト可相心得事

太政官

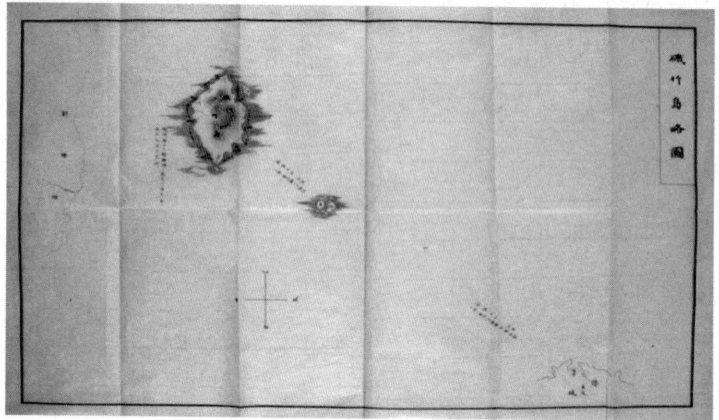

상: 독도는 일본과 무관하다는 결론을 내린 태정관지령

하: 시마네현에서 제출한 〈기죽도약도〉. 독도가 한국령이라는 근거가 되었다.

의 역사지리학적 연구竹島の歷史地理學的硏究》(1966)는 일본 독도 연구의 바이블이다. 그러나 이 책 어디에도 태정관지령에 대한 언급은 없다. 즉, 가와카미 겐조는 태정관지령을 알면서도 일본에게 불리하므로 일부러 그 책에 쓰지 않은 것이다.

외무성 입장:
군사적 필요에 따라 편입 찬성

내무성 관리가 나카이 요자부로의 청원이 각하될 것이라고 하자 마키 수산국장도 외교상 문제가 있다면 도리가 없다고 답했다. 그러나 나카이 요자부로는 포기하지 않고 지인의 소개를 통해 외무성 정무국장 야마자 엔지로山左円次郎를 찾아갔다. 야마자 엔지로는 영토 야욕이 큰 인물이었다. 그는 도쿄대 법학부를 최우수 성적으로 졸업하고 1892년 부산에 있는 일본 총영사관에서 외교관으로서의 첫 근무를 시작했다. 그는 엽총을 들고 새 사냥을 하는 척하면서 부산에서 경성까지 철도 부설로를 따라 몰래 측량했고, 그 결과 40일 만에 측량을 완성해 비밀리에 조선 지도를 만들었다. 이렇게 만든 지도는 1894년 청일전쟁 때 일본군에게 유용하게 활용되었다.

야마자 엔지로는 이후 영국으로 건너가서 1902년 영일동맹을 성사시키는 데 기여했다. 이를 통해 영국을 등에 업은 일본은 1904년 러일전쟁에서 승리하고 1905년 미국과 영국으로부터도 한반도 지배를 승인받았다. 그러니 야마자 엔지로는 대한제국의 주권이 상실되는 데 큰 기여를 한 인물이었다. 그는 1904년 《최신한국실업지침》이라는 책의 서문을 썼는데 이 책 제 13장 수산 편에는 울릉도와 함께 독도가 강원도에 소속되어 있다는 점이 분명히 나와 있다.

나카이 요자부로의 말을 들은 야마자 엔지로는 "작은 바위섬 편입은 사소한 일일 뿐이며 내무성과 같은 외교적 고려는 필요하지 않다. 외교 문제는 다른 사람이 관여할 일이 아니다"고 했다. 아울러 "망루를 세우고 무선 또는 해저전선을 설치하면 적함 감시에 극히 편리하다. 현 시국이야말로 독도 편입이 시급하게 필요하다"고 하면서 오히려 나카이 요자부로에게 서둘러 청원서를 외무성으로 보낼 것을 촉구했다.

야마자 엔지로가 '망루'나 '해저전선' 등을 언급한 것은 바로 얼마 전 일본이 울릉도에 망루와 해저전선을 설치한 것과 관계가 있다. 일본은 이미 그해 초부터 〈한일의정서〉에 따라 한국 영토를 자신이 필요한 대로 사용하고 있었다. 특히 울릉도에서는 〈한일의정서〉가 체결되기 전부터 일본의 지배가 시작되었다.

일본은 조선시대는 물론 20세기에 들어서까지도 독도보다도 울릉도를 노려 왔다. 울릉도는 지금도 1만여 명이 살고 있을 정도로 면적이 넓고, 산림자원이나 어업자원이 풍부하며, 동해 한가운데 위치하여 바다를 장악하기 쉬운 지리적 이점이 있으니 탐이 날 만도 하다. 〈강화도조약〉을 체결하고 한국을 개항한 직후부터 일본인들은 울릉도로 몰려들었다. 1901년에 이미 울릉도에 거주하는 일본인 수가 550명에 이르렀으며, 1902년에는 아예 울릉도에 일본인 경찰이 있는 경찰주재소를 설치했다. 울릉도는 엄연히 대한제국 영토이므로 대한제국 정부가 철수를 요구했지만 일본인들은 물러가지 않았다.

1904년 러일전쟁이 시작되고 〈한일의정서〉가 체결된 직후부터 일본은 보다 적극적으로 울릉도를 차지하고자 했다. 1904년 6월에는 울릉도에 일본 우편수취소가 설치되었으며, 9월에는 해저전선이 부설되었다. 외무성 정무국장으로서 이러한 작업에 관여했던 야마자 엔지로는 울릉도 외에 독도에도 이런 시설을 설치할 구상을 한 것이다. 흥미롭게도 내무성은 독도 편입이 외교적 문제를 야기한다는 이유로 편입에 반대한 반면, 외무성은 외교적 고려는 할 필요가 없고 군사적 필요에 따라 편입이 필요하다고 보았다.

야마자 엔지로가 내무성과 같은 외교적 고려, 즉 다른 나라에게 한국을 침탈할 의도를 노출시키지 않으려는 고려는 할 필요가 없다고 판단한 것도 주목된다. 일본은 그동안 국제적 견제와 한국의 반발을 피하기 위해 한국 침탈 의도를 숨겨 왔지만 야마자는 이 시점에서 그런 고려가 더 이상 필요치 않다고 본 것이다. 야마자는 왜 더 이상 그러한 고려가 필요 없다고 본 것일까?

당시 일본은 이미 청나라로부터 청일전쟁 직후 조선의 지배권을 인정받았고, 러시아와는 조선 지배권 등을 놓고 전쟁을 시작한 이후였다. 또한 조선에서는 일본이 군대를 주둔시키고, 조선의 영토를 임의로 사용할 수 있도록 하는 〈한일의정서〉와 조선 정부가 일본 고문의 말에 따라 정책을 시행해야 한다는 〈제 1차 한일협약〉을 체결하여 지배권 장악을 완료한 상태였다. 따라서 일본으로서는 한반도 침탈 야욕을 이미 더 이상 감출 수도 없고 감출 필요도 없는 상황이었던 것이다.

일본 내각의 독도 편입 결정과 그 국제법적 근거

독도 편입 결정의 근거

결국 일본 내각은 1905년 1월 28일 각의에서 나카이 요자부로의 청원을 승인했다. 이에 따라 내무성은 2월 15일 자 훈령 제87호로 각의 결정을 관내에 고시하도록 시마네현 지사에게 지령했고, 시마네현 지사는 1905년 2월 22일 훈령에 따라 다음과 같이 '시마네현 고시 제40호島根縣 告示 第40號'(울릉 문서)를 고시했다.

> 북위 37도 9분 30초, 동경 131도 55분, 오키도隱岐島로부터 서북 85리에 있는 도서를 다케시마라 칭하고 이제 본현 오키도사의 소관으로 정하여짐.

당시 편입을 신청한 나카이 요자부로도 독도를 한국령이라고 생각했고, 그에게 편입을 조언한 기모쓰키 수로부장도 독도를 조선령으로 본 책을 편찬했으며, 내무성이라는 일본의 국가기관 관리도 독도를 한국령으로 보았다. 편입을 하자고 주장한 외무성도 독도가 본래 일본 땅이라는 것이 아니라 적함 감시에 편리하다는 군사적 필요성만을 근거로 들었다. 이런 상황에서 내각이 독도 편입 결정을 한 것이다.

시마네현은 1905년 독도를 편입한 직후부터 독도를 관유지대장에 등록하고 강치잡이를 허가제로 전환한 후 나카이 요자부로와 3명의 동업자에게 1908년까지 강치어업 허가권을 주었다. 이후 강치어업 면허는 1945년까지 나카이 요자부로의 동업자나 아들 등에게도 주어졌다.

1905년 시마네현 편입 이전까지 우리나라와 일본 모두 울릉도와 독도가 서로 다른 나라에 귀속된다고 판단한 문서나 지도가 없었다. 그러다가 1905년 시마네현이 독도를 편입하면서 최초로 울릉도와 독도가 서로 다른 국가에 속한다는 주장이 나온 셈이다. 앞서도 말했듯이 일본은 오랫동안 울릉도를 차지하려고 애써왔다. 그러나 울릉도쟁계로 울릉도의 영유권이 조선에 속한다는 것이 확고하게 인정되었기 때문에 일본은 궁리 끝에 독도를 울릉도로부터 분리시킨 것이다. 이것은 마치 남의 칼을 호시탐탐 넘보던 도둑이 도저히 그 칼을 자기 것이라고 할 수 없게 되자 칼이네 것이지 칼집이 네 것이라는 증거는 없지 않느냐며 칼집이라도 빼앗아 가버린 격이다.

당시 일본 내각은 무슨 근거로 독도를 편입한 것일까? 당시 일본 내각결정문을 보면 빈약하나마 그 국제법적 근거가 기재되어 있다. 그 요지는 첫째, 독도에는 다른 나라가 점령했다고 인정할 만한 형적이 없고, 둘째, 나카이 요자부로가 1903년 이래 이 섬에 막사를 짓고 인부를 이동시켜 어업에 종사해 왔기 때문에 국제법상 '점령'이 있는 것으로 인정된다는 것이다. 여기서 국제법상 '점령'이라는 것은 흔히 '선점'으로 번역하는 'occupation'이라는 영토 취득의 권원을 의미한다.

일본의 선점은 유효한 것인가

그렇다면 일본은 국제법상 적법하고 유효하게 '선점'을 한 것인가? 이를 판단하기 위해서는 국제법상 선점의 요건을 보다 정밀하게 살펴보아야 한다.

선점의 요건은 두 가지로 구분할 수 있다. 첫째는 해당 영토가 무주지여야 한다는 것이고, 둘째는 그 영토에 대해 실효적 점유를 해야 한다는 것이다. 일본 내각결정문을 보면 바로 이 두 가지 요건을 의식하여 기술했다는 것을 알 수 있다. 즉, 독도에 대해 "다른 나라가 점령한 형적이 없다"고 한 것은 독도가 '무주지'라는 주장이고, 나카이 요자부로가 1903년부터 독도에서 어업에 종사했다는 것은 일본이 선점에 필요한 '실효적 점유'를 했다는 주장이다.

그러나 일본은 이 두 가지 요건을 모두 충족했다고 할 수 없다. 첫째, 독도는 1905년 이전부터 조선이 시원적 권원original title을 보유하고 있던 영토로서 무주지가 아니었다. 시원적 권원이란 해당 영토에 대해서 처음 또는 원래부터 존재하던 권원을 말한다. 이미 시원적 권원이 존재한다는 것과 무주지라는 것은 양립할 수 없다.

둘째, 일본은 선점의 두 번째 요건인 실효적 점유 요건도 충족하지 못했다. 실효적 점유는 국가의 행위일 것을 요구하고, 국가의 행위는 원칙적으로 공무원에 의해서 이루어져야 한다. 그러나 나카이 요자부로는 사인私人일 뿐이며, 출어를 하고 독도에 막사를 지은 행위도 '권력 행사' 행위에 해당하지 않는다.

일본 주장의 모순

여기서 한 가지 더 지적할 부분이 있다. 앞서 본 바와 같이 일본 내각은 독도 편입 결정 당시 독도가 무주지임을 전제로 했다. 독도가 무주지라는 것은 그 이전에는 일본의 영토도 아니었음을 의미한다. 내각결정문에도 일본의 실효적 지배의 근거로 고작 직전 2년 동안 대여섯 달의 어업만을 적시했을 뿐, 그 이전의 사정은 나타나지 않는다.

그런데 일본은 1953년 한국 정부와 독도 영유권 논쟁을 벌이면서 독도가 '고대부터' 일본령이라고 주장했다. 이후 일본은 또다시 입장을 바꾸어 '늦어도 17세기 중엽'에는 독도의 영유권을 확립했다고 주장했다. 이후 또 입장이 바뀌어 현재는 1905년 독도 편입은 일본의 영유 의사를 재확인한 것이라고 한다.

독도에 대한 일본 정부 입장의 변천과정을 정리해 보면, 1877년에는 조선령이라고 보았고(태정관과 내무성), 1905년에는 무주지라고 보았으며(내각), 1953년부터는 고대부터 일본령이라 주장했고, 현재는 늦어도 17세기에는 영유권을 확립했다고 주장하고 있음을 확인할 수 있다. 이런 입장 변화들만 놓고 보더라도 일본의 독도에 대한 입장이 일관성이 없고 모순된다는 것을 쉽게 알 수 있다.

우리나라의 독도에 대한 시원적 권원

우리나라의 독도 영토주권을 설명하는 논리구조의 기본 틀

우리나라의 독도 영유권 주장을 펼치는 논리적 방식은 학자마다 다르고 외교부나 동북아역사재단 등 각 기관들도 각자의 논리를 가지고 있지만, 필자는 이를 크게 두 단계로 구분하는 것이 좋다고 생각한다. 첫째는 우리나라가 1905년 일본의 독도 편입 이전까지 시원적 권원으로서의 역사적 권원을 보유하고 있었다는 것이고, 둘째는 그 이후부터 현재까지 영토권원을 상실한 적이 없다는 것이다.

먼저 우리나라가 역사적 권원을 보유하고 있다는 근거는 무엇일까. 이와 관련해서 현재 우리나라 외교부 홈페이지의 〈독도에 대한 우리 입장〉이라는 코너에는 "우리 영토인 근거"라는 제목 아래 다음과 같은 역사적 사실들이 열거되어 있다.

512년 우산국 복속

1454년 《세종실록》〈지리지〉

1625년 다케시마竹島 (울릉도) 도해渡海 면허

1693년 안용복安龍福 일본 납치

1694년 울릉도 수토제도 시행 결정

1695년 일본 돗토리번 답변

1696년 1월, 다케시마(울릉도) 도해금지령

5월, 안용복 일본 도해

1770년 《동국문헌비고》〈여지고〉

1870년 일 외무성 《조선국교제시말내탐서》

1900년 칙령勅令 제 41호 반포

1905년 시마네현고시島根縣告示 제 40호

1906년 3월, 울도군수 심흥택 보고서

5월, 의정부 참정대신 지령 제 3호

이에 따르면 독도의 영토주권을 뒷받침하는 역사적 사실은 512년 우산국 복속부터 1900년 대한제국 칙령 제 41호 반포에 이르기까지 1,400여 년을 아우른다. 이와 같은 역사적 사실에 기반한 독도 영유권 주장을 국내 학자들이 '고유영토론'이라는 이름으로 제시하는 경우가 적지 않았다. '고유영토론'이란 근대 국제법이 확립되기 이전 시기부터 고유영토라는 취지의 주장을 말한다.

고유영토론보다는 역사적 권원 주장을

그러나 '고유영토론'이라는 용어는 영토분쟁 판례나 국제법 학설에서는 등장하지 않는 개념이다. 판례나 학설이 사용하는 개념 중에서 고유영토론에 가까운 것은 '역사적 권원'이다. 판례는 '역사적 권원historic title, historical title' 외에도 '시원적 권원original title', '고대의 권원ancient title', '전통적 권원conventional title' 등의 용어를 여러 영토분쟁 판례에서 사용한 바 있다. 이런 용어들을 큰 틀에서 '역사적 권원'이라 부를 수도 있다.

독도의 영토주권도 국제법의 틀에서 정해지는 것인 만큼 독도의 '고유영토론' 주장은 국제 판례나 학설에서 주로 사용하는 개념인 '역사적 권원'을 중심으로 재정립하는 것이 바람직하다고 생각한다.

또한 영토권원은 국제법 체계에서 인정되는 것이므로, 우리나라가 국제법상 영토권원을 인정받기 위해서는 앞에서와 같이 관련 역사적 사실을 적시하는 데 그치면 안 된다. 그러한 역사적 사실에 대해 어떤 국제법이 어떻게 적용되어 어떠한 법적 효과를 발생시키는지까지도 구체적으로 제시해야 한다. 이를 위해서는 국제법상 인정되는 역사적 권원의 요건을 밝히고 우리가 가진 역사적 사실이 그 요건을 충족한다는 것을 충분히 논증해 줄 필요가 있다.

국제법상 역사적 권원

그런데 문제는 국제 판례가 언급하는 역사적 권원 개념의 종류가 한 가지로 통일되어 있지 않다는 것이다. '역사적 권원'을 언급하는 판례들 중 다수가 역사적 권원 개념의 정의, 요건, 성격, 효과 등에 대해 구체적인 입장을 밝히지 않는다. 국제법 학자들 또한 충분한 설명을 제공하지 않는다.

따라서 독도의 역사적 권원 주장을 정립하기 위해서는 먼저 국제법상 역사적 권원에는 어떠한 유형들이 있는지를 식별하고 그 중에서 독도의 영토주권을 뒷받침하기 위해 적용되는 역사적 권원이 어떤 것인지를 특정해야 한다. 그 다음으로 해당 역사적 권원의 성립요건을 추출한 다음 독도에 관한 역사적 근거들이 그 성립요건을 충족한다는 점을 구체적으로 논증해야 한다.

1951년 국제사법재판소에서 나온 영국과 노르웨이 사이의 어업권 판결은 '역사적 권원'을 최초로 언급했으나 이것은 해양법상 역사적 권원으로서 영토주권을 뒷받침하는 것은 아니다. 영토주권에 관한 역사적 권원을 처음으로 언급한 판결은 1953년에 나온 영국과 프랑스 사이의 망끼에르 에끄레오 판결이다. 이 판결에서는 당사국들, 특히 영국이 역사적 권원에 관한 많은 주장을 했으나 판례가 직접 역사적 권원 자체에 대해 설명한 부분은 별로 없다.

이후 엘살바도르-온두라스 판결(1992)을 필두로 약 20년 동안

에리트레아와 예멘 사이의 홍해제도 중재판정(1998), 국제사법재판소가 내린 카타르와 바레인 사이의 하와르제도 판결(2001), 카메룬과 나이지리아 사이의 바카시반도 판결(2002), 인도네시아와 말레이시아 사이의 리기탄 시파단 판결(2002), 싱가포르와 말레이시아 사이의 페드라브랑카 판결(2008) 등이 영토주권을 뒷받침하는 권원으로서 역사적 권원을 언급했다. 그러나 대부분 역사적 권원 개념의 정의나 법적 성격에 대해 직접적 설명을 제시하지는 않았다.

그나마 역사적 권원에 대해 가장 구체적인 입장을 밝힌 판결은 1998년에 나온 에리트레아와 예멘 사이의 홍해제도 중재판정이다. 이 판정은 오랜 세월에 걸친 공통의 외부인식에 의해 성립하는 '고대의 권원'과 시효, 묵인, 오랫동안 지속되어서 권원으로 인정받은 점유에 의해 생성되거나 응고된 지속성과 시간의 경과를 본질적 요건으로 하는 '역사적 권원'을 구분했다.

이 판례들에 등장하는 역사적 권원의 맥락이나 배경도 제각기 다르다. 예컨대, 팔마스 중재판정이 인정한 스페인의 팔마스섬에 대한 시원적 권원이나 엘살바도르-온두라스 판결이 인정한 스페인 왕국의 폰세카만 일대에 대한 시원적 권원은 비유럽지역에서 유럽 열강이 최초로 취득한 권원을 가리킨다. 반면에 2008년에 나온 말레이시아와 싱가포르 사이의 페드라브랑카 판결이 인정한 조호르왕국의 시원적 권원은 비유럽지역에서 원주민 고대

헤이그에 위치한 국제사법재판소 재판정 내부 모습

국가가 취득한 권원을 가리킨다.

역사적 권원의 성립요건도 균일하지 않다. 예컨대, 홍해제도 중재판정에 등장하는 '고대의 권원'은 "오랜 세월에 걸친 공통의 외부인식에 의해 확립되고 이러한 공통의 인식 자체로 충분한 근거가 되는 권원"으로서 점유의 실효성을 요구하지 않지만, 페드라브랑카 판결은 시원적 권원의 요건으로 "지속적이고 평화로운 주권현시"를 들면서 점유의 실효성을 요구한다.

이처럼 역사적 권원 개념 아래에는 법적 성격이 서로 다른 권원들이 혼재되어 있다. 역사적 권원의 유형은 보다 다양하게 존재하지만, 이 글에서는 독도 영토주권에 비교적 많이 관련된 역사적 권원의 유형들인 고대의 권원과 시원적 권원을 중심으로 살펴보고자 한다.

고대의 권원

에리트레아와 예멘 사이의 홍해제도 중재판정에서 '고대의 권원'을 주로 주장한 국가는 예멘이었다. 예멘의 주장은 6세기경 성립한 고대 왕국 Bilad el-Yemen이 '시원적, 역사적, 전통적 권원'을 보유해 왔고, 1538년 오토만제국에 합병된 이후에도 예멘은 영토적, 행정적으로 독립된 하나의 행정구역으로서 17, 18, 19세기 지도 제작자들이 예멘을 독립된 실체로 그릴 정도로 독자적 정체성을 유지했다는 것이다.

예멘은 1923년 로잔평화조약이 당사국이 아닌 예멘의 역사적 권원에 아무런 영향을 미치지 않으며, 터키가 로잔평화조약을 통해 분쟁도서에 대한 권원을 포기했을 때 그 권원이 예멘에게 복귀되었다고 주장했다. 이에 대해 홍해제도 중재판정은 결과적으로 예멘의 고대의 권원 성립 자체를 인정하지 않았다. 그 이유는 고대 예멘 영토가 고산 지대에 둘러싸인 육지에 한정되어 있었기 때문에 분쟁도서를 영토 안에 포함하고 있었다고 보기 어렵고, 오토만제국이 구 예멘 영토에 대한 영토주권을 취득한 것은 적법했으며, 중세시대 예멘이 현대 국제법상 영토주권이라는 개념을 알지 못했다는 것이었다.

이러한 판단과정에서 홍해제도 중재판정은 '고대의 권원'을 "오랜 세월에 걸친 공통의 외부인식에 의해 확립되고 이러한 공통의 인식 자체로 충분한 근거가 되는 권원"이라고 정의한 것이다. 이 중 '외부인식'을 어떻게 입증할 것인가에 대해서는 2008년에 나온 싱가포르와 말레이시아 사이의 페드라브랑카 판결이 그 입증방법의 사례를 보여 준다.

페드라브랑카 판결은 싱가포르에 거주하던 영국인 관리인 존 크로퍼드John Crawfurd가 쓴 편지들에 들어 있는 조호르술탄령에 대한 언급들과 〈싱가포르 자유신문〉의 1843년 5월 23일 자 기사에 해적들이 자주 범행을 저지르고 은신을 하는 지역으로 페드라브랑카를 비롯한 일부 지역을 언급하면서 이들이 조호르술탄령이라고 기술했다는 점을 근거로, 적어도 17세기부터 19세기 초반까지의 조호르왕국의 영토는 말라야반도의 상당 부분과 페드라브랑카가 있는 지역을 포함한 싱가포르해협 전역을 포함했다는 점을 인정했다. 서신과 신문은 특별한 사정이 없는 한 영토주권이나 영토권원을 직접 증명하는 증거가 되기 어렵지만 페드라브랑카 판결은 이것이 영토주권에 관한 외부인식을 입증하는 역할을 할 수 있고 이러한 외부인식이 다시 영토권원의 근거가 될 수 있다는 점을 보여 준 것이다.

독도에 관한 여러 고문헌, 고지도 내용들도 이러한 방식으로 독도가 조선령이었다는 '외부인식'을 입증하는 차원에서 활용될 수 있다. 예컨대, 울릉도와 독도 두 섬에 대한 사람들의 인식이 등장하는 《동국문헌비고》, 《만기요람》, 《여지지》 등의 내용이 여기에 해당할 수 있다. 특히 일본의 지도들 대다수나 《은주시청합기》, 태정관지령 등 일본 문헌들이 독도와 울릉도를 자국령으로 포함시키지 않은 것도 '외부인식'의 일환으로 주장하면서 우리 측의 '고대의 권원'의 성립 근거로 활용할 수 있다.

시원적 권원

2008년에 나온 페드라브랑카 판결은 국제재판소의 영토분쟁 판결 중 최초로 시원적 권원의 성립을 인정했다. 이 사건에서 말레이시아는 싱가포르해협의 동쪽 입구에 있는 페드라브랑카섬이 조호르왕국 영토의 한가운데 위치하고 있었다면서, 페드라브랑카섬은 조호르왕국의 탄생부터 그 영토의 일부였으며 어느 시점에서도 선점의 대상이 되는 무주지였던 적이 없다고 주장했다. 반면 싱가포르는 페드라브랑카섬이 1847년 이전부터 무주지였는데 영국이 1847년부터 1851년까지의 기간 중 호스버그Horsburgh 등대를 건설하고 운영함으로써 페드라브랑카의 영토주권을 적법하게 취득했다고 주장했다.

이에 대해 페드라브랑카 판결은 조호르왕국의 시원적 권원의 성립을 인정하면서도 결국 묵시적 합의를 통해 그러한 권원이 싱가포르 측으로 이전되었다고 판시했다. 이 과정에서 본 판결이 보여 준 특징들 중에서 독도 영토주권과 관련해 다음의 세 가지 점에 주목할 필요가 있다.

첫째, 근대 국제법 탄생 이전 시대에 조호르왕국의 주권국가성을 인정한 점이다. 페드라브랑카 판결은 조호르왕국의 페드라브랑카섬에 대한 시원적 권원이 1840년대까지 성립했는지 여부를 검토하면서 그 전제로 조호르왕국이 1512년 동남아시아 지역에 영토를 가진 주권국가로 탄생했다는 사실을 다툼 없는 사실로 인정했다. 지역적으로 비유럽지역일 뿐만 아니라 베스트팔렌 체제가 출범한 1648년보다도 130년 앞선 시기임에도 불구하고 조호르왕국이 '주권국가'로 성립했음을 인정한 것이다. 이는 팔마스 중재판정이 제시한 시제법의 첫 번째 원칙에 의하면 설명하기 어려운 부분이다.

페드라브랑카 판결은 조호르왕국의 주권국가성을 인정할 수 있는 추가적 근거로서 국제법의 창시자 내지 아버지라고 불리는 네덜란드 학자 그로티우스Hugo Grotius가 조호르왕국을 포르투갈에 대해서도 공적 전쟁을 벌일 수 있을 정도의 권력을 가진 주권적 공국으로 보았다는 점, 네덜란드 동인도회사가 중국 범선 2척을 나포한 사건에 대해 조호르왕국이 자국의 주권 침해로 받아들이고 네덜란드에 속한 말라카 총독에게 강력하게 항의하고 재발방지를 촉구했다는 점을 들었다. 이들 근거에는 두 가지 특징이 있다. ① 앞에서 거론된 전쟁을 수행하거나 자국 내 선박 나포 행위에 대해 외국 정부에 강력한 항의를 하는 행위는 근대 국제법상 주권행사의 대표적인 예라는 점이다. ② 위 두 가지 점이 서구와 연계되어 있다는 점이다. 그로티우스는 서구의 대표적인 국제법 학자이고, 조호르왕국이 강력 항의한 상대방인 네덜란드도 서구 열강이다. 이는 근대 국제법상 주권국가가 기존 국제사회의 일원인 다른 주권국가들과의 관계 속에서 인정되는 것이기 때문으로 보인다.

둘째, 페드라브랑카 판결은 말레이시아가 주장하는 조호르왕국의 시원적 권원이 법적으로 성립할 수 있는지를 판단하면서 '지속적이고 평화로운 영토주권현시' 요건을 충족했는지 여부를 따졌다. 실효성을 권원의 요건으로 포함한 것이다. 이것은 앞서 본 고대의 권원이 실효성을 권원 자체의 성립요건으로 요구하지 않는 것과 차이가 있다.

셋째, 페드라브랑카 판결은 지역민들과의 관계가 권원의 성립을 확증하는 기능을 할 수 있다고 보았다. 말레이시아는 싱가포르 일대에서 어업과 해적 행위를 하던 오랑라우트Orang Laut 부족과 조호르술탄의 충성관계가 조호르왕국의 시원적 권원을 확증한다고 주장했다. 본 판결도 조호르술탄이 19세기부터 페드라브랑카섬 인근에서 어업과 해적활동을 하던 오랑라우트 부족을 자신의 백성으로 여길 정도로 깊은 관계를 맺은 사실과 당시 영국 관리들도 오랑라우트 부족이 조호르술탄의 백성이었으며 술탄의 권능 아래에서 활동했다고 이해하고 있었다는 사실을 인정했다. 특히 영국 관리들의 공식 보고서에 등장하는 조호르술탄과 오랑라우트 부족 간의 관계의 성격과 정도에 대한 기술이 술탄이 오랑라우트 부족에게 주권적 권능을 행사할 수 있는 충분한 정치적 권위가 존재한다는 점에 대한 높은 증명력을 가진다고 보았다. 본 판결은 결국 오랑라우트 부족에 대한 조호르술탄의 권능의 성격과 정도가 페드라브랑카를 비롯한 섬들에 대한 조호르왕국의 고대의 시원적 권원을 확증한다고 보았다.

페드라브랑카 판결의 이러한 특징들은 독도의 시원적 권원에 관해 시사하는 바가 크다.

첫째, 우리나라 측에서는 고려나 조선의 주권행사를 주장하는

데 있어서 이들 국가가 주권국가로 성립했다는 점을 주장 및 입증하는 것을 고려해 보아야 한다. 특히 조호르왕국이 주권국가로 인정받은 점에 비추어 보면 적어도 조선은 주권국가로 인정될 가능성이 적지 않다. 국내적으로 중앙집권적 시스템을 구축하고 체계적인 행정부서가 존재했다는 점 등과 아울러 주변국들로부터 국가로서 인정을 받았다는 점을 종합적으로 인정받아야 할 것이다. 국가성을 뒷받침할 만한 서양 문헌이 있다면 그 가능성은 더욱 높아질 것이다. 고려나 조선이 주권국가로 인정받는다면 이들 국가의 행위들을 일련의 주권행사로 인정받는 것이 한층 더 수월해질 수 있다.

둘째, 시원적 권원의 성립을 주장하기 위해 '지속적이고 평화로운 영토주권현시'가 있었다는 점을 주장하고 입증할 필요가 있다. 앞서 외교부나 독도연구소가 적시한 역사적 사실들도 이러한 관점에서 제시할 필요가 있다. 예컨대, 《세종실록》〈지리지〉에 울릉도와 독도를 의미하는 서로 다른 두 섬에 대한 기록이 나온다는 점을 적시하는 데 그치지 않고, 이러한 관찬지리서의 발간과 배포 자체가 '지속적이고 평화로운 주권현시'의 일환이라는 점을 주장해야 할 것이다.

1690년대 조선 정부와 일본 막부 사이의 이른바 울릉도쟁계에 있어서도 당시 조선과 일본 막부 사이에 울릉도의 귀속을 논한 이후 막부가 도해금지령을 내렸다는 사실을 적시하는 데 그치지 말고, 당시 조선 정부가 취한 일련의 조치들과 행위들이 '지속적이고 평화로운 주권현시'의 일환이었다는 점에 초점을 맞추어서 재정립해야 한다. 물론 당시 조선과 일본 막부가 일련의 행위 과정에서 독도가 조선령임을 묵시적으로 확인하였다는 주장은 이와 별개로 성립할 수 있다.

1877년의 태정관지령을 독도 영유권의 근거로 들 때에도 이 지령 발령 당시 일본이 독도를 자국령으로 보지 않았다는 점을 지적하는 데 그치지 않고, 이를 울릉도쟁계를 둘러싼 조선 정부의 일련의 '지속적이고 평화로운 주권현시'를 뒷받침하는 정황으로 주장해야 한다. 즉, 태정관지령은 일본이 울릉도와 독도에 대한 조선의 주권현시를 1690년대의 울릉도쟁계 이후 180여 년 동안 지속적으로, 평화롭게 받아들인 정황임을 강조할 필요가 있다. 독도를 조선령으로 본 일본의 지도들도 마찬가지이다.

이 과정에서 격오지에 대한 입증 정도를 완화해 주는 법리도 활용할 필요가 있다. 덴마크와 노르웨이 사이의 동부그린란드 판결은 권원 인정에 필요한 주권행사의 정도에 대해, 사람이 거의 살지 않는 지역의 경우에는 매우 경미한 정도의 주권적 권리 행사로도 영토주권을 인정할 수 있다는 취지로 판시했다. 동부그린란드 판결은 다른 국가가 영토주권 주장을 하지 않은 점과 극지방이나 비식민지 지역이 사람이 접근하기 어려운 곳이라는 점을 고려할 때 덴마크 왕은 1721년부터 1814년까지 영토주권에 관한 유효한 주장을 취득하기에 충분할 정도로 자기 권능을 현시했으므로 그린란드에 대한 그의 권리는 식민지 지역에 한정되지 않는다고 판단했다. 페드라브랑카 판결도 영토주권 확보에 필요한 국가권력의 현시 정도는 구체적인 상황에 따라 다양하게 달라질 수 있다는 동부그린란드 판결의 판시와 국가권력의 현시가 모든 순간 모든 지역에 이루어질 필요는 없으며 모든 사건은 상황의 특수성에 따라 평가되어야 한다는 팔마스 중재판정의 판시를 인용하였다.

셋째, 페드라브랑카 판결은 지역민들의 관계가 시원적 권원의 성립을 결정한다고 말하지는 않았지만, 이미 성립한 시원적 권원을 확증하는 기능을 한다고 보았다. 《숙종실록》에 나오는 안용복과 어부들의 행위는 사인私人들의 행위라는 점에서 그 자체가 국가 기능이나 국가 주권의 현시라고 주장하기는 어렵다. 대신 앞의 판시에 따라 이미 성립한 우리의 시원적 권원을 확증하는 차원에서 이러한 사실들을 활용할 필요가 있다.

독도 편입에 대한
울도군수 심흥택의 대응

심흥택의 대응

1906년 3월 27일, 시마네현 사무관 진자이 요시타로神西由太郎 등 관민 45명으로 구성된 조사대가 독도에 상륙해서 서도와 동도를 차례로 조사했다. 이들은 다음 날인 3월 28일에는 울릉도를 방문해 군수 심흥택을 만나 독도가 일본 영토로 편입되었다는 것을 알렸다. 독도의 시마네현 편입이 있은 때로부터 1년여가 지난 시점이었다.

독도가 일본에 편입되었다는 충격적인 소식을 접한 울도군수 심흥택은 바로 다음 날인 1906년 3월 29일, "본군 소속 독도"라고 칭하면서 독도 편입 사실을 강원도관찰사에게 보고했다. '독도'라는 명칭을 처음 사용한 문서였다. 강원도관찰사서리 춘천군수 이명래도 사안의 중대함과 긴급함을 인식한 듯 4월 29일 자 호외보고서로 심 군수의 보고 내용을 그대로 의정부 참정대신에게 보고했다. 이 호외보고서는 1906년 5월 7일 의정부 외사국에 접수되었다.

이에 대해 의정부의 최고 책임자인 참정대신 박제순은 5월 20

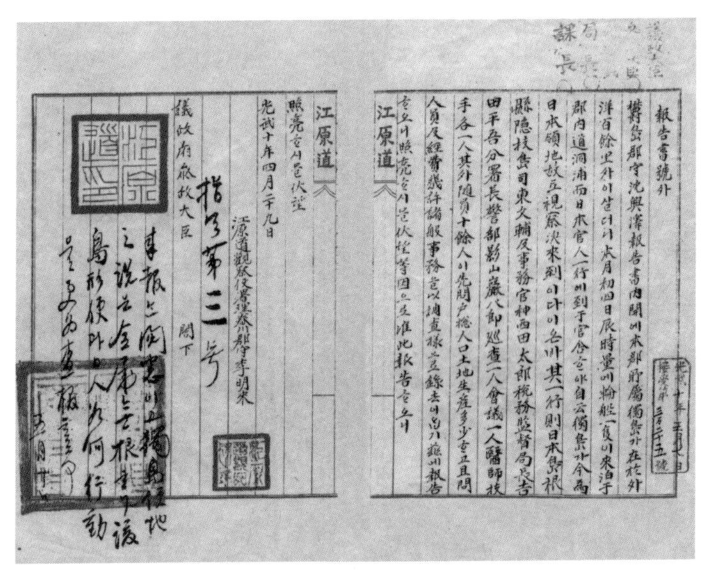
報告書號外

鬱島郡守沈興澤報告書內開에 本郡所屬獨島가 在於外洋百餘里外이삽더니 本月初四日辰時量에 輪船一隻이 來泊于郡內道洞浦而日本官人一行에 到于官舍하야 自云獨島가 今爲日本領地故로 視察次來到이다이온바 其一行則日本島根縣隱岐島司東文輔及事務官神西由太郞 稅務監督局長吉田平吾 分署長警部影山巖八郞 巡査一人 會議一人 醫師技手各一人 其外隨員十餘人이 先問戶摠人口土地生産多少하고 且問人員及經費幾許 諸般事務를 以調査樣으로 錄去이압기 玆에 報告하오니 照亮하시믈 伏望等因으로 准此報告하오니 照亮하시믈 伏望

江原道

光武十年四月二十九日

江原道觀察使署理春川郡守李明來

議政府參政大臣 閣下

指令第三號

來報는 閱悉이고 獨島領地之說은 全屬無根하니 該島形便과 日人如何行動을 更爲査報할 事

五月二十日

강원도관찰사서리 춘천군수 이명래가 4월 29일 보낸 호외보고서

일 자 지령 제 3호로 “독도가 일본 영지가 되었다는 설은 전혀 근거가 없으니 일본인이 어떻게 행동했는지를 다시 조사 보고할 것”을 지령했다. 박제순은 을사늑약에 찬성한 이른바 을사오적 중 한 사람이었는데 그조차도 독도가 일본령이 되었다는 것은 받아들일 수 없었던 것이다.

이후 대한제국 정부가 이에 따라 조치를 취했는지 여부에 대해서는 기록을 찾을 수 없다. 그러나 당시는 이미 을사늑약이 체결되어 대한제국은 대외적 주권을 상실한 상황이었다. 대내적으로도 한반도에는 일본군이 주둔하고, 국정은 일본인 고문이 결정하고 있었다. 따라서 대한제국 정부는 일본 정부에게 제대로 이의를 제기할 수 없는 상황이었다.

그래서 설사 일본을 상대로 어떠한 조치를 취하지 못했다고 하더라도 국내적으로라도 심흥택이라는 울릉군수가 독도에 대해 이렇게 공식적인 조치를 취했다는 점은 우리나라의 독도에 대한 지속적이고 평화로운 주권현시의 강력한 정황증거가 된다. 앞서 본 바와 같이 팔마스 중재판정 이래 국제 판례에서 지속적이고 평화로운 주권현시가 영토주권 귀속 판단에 있어서 결정적 기준이 된다는 점에서, 심흥택의 조치는 독도 영유권을 뒷받침하는 가장 결정적인 근거들 중 하나라고 볼 수 있다.

대한제국 황제 칙령 제 41호

울도군수 심흥택이 독도 편입 소식을 듣자마자 앞과 같은 조치를 취한 것은 독도가 울도군수의 관할범위 내에 있었기 때문이다. 1900년 대한제국 황제 칙령 제 41호는 제 2조에서 "군청의 위치는 태하동台霞洞으로 정하고, 구역은 울릉전도鬱陵全島와 죽도竹島, 석도石島를 관할할 것"이라고 규정했다. 여기서의 '석도'는 현재의 독도를 가리키는 것이다. 돌 석石 자를 두고 경상도나 전라도 사람들은 '독'이라 읽곤 했다.

이 밖에도 석도가 독도라는 점을 뒷받침할 정황증거들이 있다. 앞과 같이 1906년에 울도군수 심흥택이 일본의 독도 편입 소식을 중앙 정부에 긴급하게 보고한 점, 그 보고서에 독도를 "본군 소속"이라고 표현한 점, 강원도관찰사나 의정부 참정대신도 독도를 우리나라 영토로 분명하게 인식하고 관련 조치를 지시한 점 등은 당시 울도군수뿐만 아니라 대한제국 정부도 독도가 대한제국 영토라고 인식했다는 점을 보여 주고, 이것은 독도가 칙령 제 41호의 석도라는 점을 보여 준다.

그 밖에도 《고종실록》을 보면 고종이 1882년 이규원과 나눈 대화를 통해 고종이 "울릉도, 죽도, 우산도"의 세 섬을 인식하고 있었다는 것을 확인할 수 있다. 여기서의 "울릉도, 죽도, 우산도"를 칙령 제 41호의 "울릉전도, 죽도, 석도"에 대응하면 석도가 곧 우산도, 즉 독도임을 알 수 있다.

참고로 심흥택 보고서를 가장 먼저 알린 인물은 역사학자 고故 신석호 고려대 교수이다. 신 교수는 1947년 8월 울릉도청에서 보고서 부본을 발견하고 논문을 발표했다. 1953년 한일 간에 독도 논쟁이 벌어졌을 때 일본은 심흥택 보고서 원본을 본 적이 없다고 지적하기도 했다. 그런데 이후 울릉도청에서 그 보고서 부본을 찾을 수 없었다. 여러 가지 사정으로 소실된 것으로 추측될 뿐이다. 그러다 단국대 송병기 교수가 1978년 서울대 규장각에서 강원도관찰사서리 춘천군수 이명래가 1906년 4월 29일 자로 의정부 참정대신에게 올린 "보고서호외報告書號外"를 발견했는데, 이 문서에는 심흥택 군수의 보고 내용과 그 이후의 조치가 보다 상세하게 기록되어 있었다. 신 교수가 처음 울릉도청에서 심흥택 보고서를 발견하고 논문에 쓴 내용이 사실이라는 점이 입증된 것이다.

제4장

광복 전후의 독도

외교부 제공

일본 입장에서의 독도

카이로 선언

일제강점기 말인 1939년 독일이 폴란드를 침공하자 프랑스가 독일에 선전포고를 하면서 제 2차 세계대전이 발발했다. 그 무렵 일본은 중일전쟁이 장기화되는 와중인 1940년 9월 독일, 이탈리아와 3국동맹을 체결하고 1941년 12월 하와이 진주만을 기습공격함으로써 태평양전쟁을 일으켰다. 일본은 개전 반년 만에 필리핀, 말레이반도, 싱가포르, 미얀마 등을 점령하고 호주까지 위협했다.

제 2차 세계대전이 종말로 치닫던 1943년 11월 27일, 연합국 대표들인 미국의 루스벨트 대통령, 영국의 처칠 수상, 중국의 장제스 총통이 이집트 카이로에서 일본이 무조건 항복을 할 때까지 계속 싸울 것을 천명하는 선언을 채택했다. 카이로 선언은 한국에 대한 특별 조항을 두고 있다. 그 내용은 "위 3국은 한국민의 노예상태에 유의하고 적당한 경로를 밟아 한국이 해방되고 독립될 것을 결의한다"는 것이다.

… The aforesaid three Powers, mindful of the enslavement of the people of Korea, are determined that in due course Korea shall become free and independent … .

여기서 '한국민의 노예상태enslavement of the people of Korea'라는 문구를 볼 때마다 당시 우리나라와 국민들의 처지가 안타깝기 그지없다. 이들 강대국들은 전쟁이 끝난 후 일본이 침략한 세계 각국의 영토들을 어떻게 원상복구할 것인가에 대해서도 세 가지 원칙을 합의했다. 첫째는 제 1차 세계대전 이후 일본이 탈취한 태평양의 모든 섬들을 박탈한다는 것이고, 둘째는 만주滿洲 · 대만 · 팽호도澎湖島 등 일본이 중국으로부터 훔쳐서 취득한 지역을 중국에 반환한다는 것이며, 셋째는 일본이 폭력과 탐욕에 의해 탈취한 일체의 지역에서 일본을 축출한다는 것이었다. 우리나라는 이 중 셋째에 해당하는 지역이었다. 일본은 대한제국이 조약을 체결하여 자발적, 합법적으로 식민지가 되었다고 주장하지만, 대체 어느 민족이 자발적, 합법적으로 '노예상태'가 되겠는가.

포츠담 선언

1945년 7월 26일 독일 포츠담Potsdam에서 미국의 트루먼 대통령, 영국의 처칠 수상, 중국의 장제스 총통이 정상회담을 가진 후 선언을 발표했다. 이 포츠담 선언에는 일본이 항복하지 않으면 즉

각적이고 완전한 파멸에 직면할 것이라는 경고를 비롯해서 군국주의 배제, 일본 군대 무장해제 등의 내용이 포함되었다. 그럼에도 불구하고 일본이 항복을 거부하자 미국은 1945년 8월 6일 히로시마에, 8월 9일 나가사키에 원자폭탄을 투하했다. 8월 8일에는 소련이 일본에 대해 선전포고를 하고 뒤늦게 포츠담 선언에 참여했다.

일본은 8월 10일 포츠담 선언을 수락한다는 의사를 밝혔으나 지도부의 내분으로 항복 결정을 번복했다가 8월 14일 다시 포츠담 선언을 수락하고 무조건 항복했다. 이에 히로히토 일왕은 8월 15일에 무조건 항복한다는 방송을 하고, 9월 2일 미국 전함 미주리호에서 항복문서에 서명했다.

포츠담 선언은 카이로 선언을 이행할 것을 규정했다. 따라서 일본이 포츠담 선언을 수락함에 따라 카이로 선언 내용도 일본에 대해 구속력을 가지게 되었다. 포츠담 선언 제8항은 일본의 영토에 대해 다음과 같이 규정했다.

> 카이로 선언의 조항들은 이행되어야 하며 일본국의 주권은 혼슈本州, 홋카이도北海道, 규슈九州, 시코쿠四國 및 우리들이 결정하는 작은 섬들에 국한될 것이다.

여기서 규정한 '작은 섬들minor islands'의 범위가 결국 일본의 전

일본의 항복 권고와 제2차 세계대전 이후의 일본 처리 문제를 논의한 포츠담 회의. 회의 결과 일본의 영토를 규정한 포츠담 선언이 채택되었다.

후 영토 범위를 결정짓는 핵심 개념이 된다. 이후 일본은 바로 이 '작은 섬들'의 범위에 울릉도와 독도를 비롯해 최대한 많은 섬들을 포함시키고자 각별한 노력을 기울였다. 그렇다면 연합국들은 이 '작은 섬들'의 범위를 어떻게 결정했는가? 이와 관련한 문서들이 이어서 살펴볼 연합국 최고사령관 지령(스카핀)과 〈샌프란시스코 평화조약〉이다.

연합국 최고사령관 지령: 스카핀

스카핀의 의미

일본이 항복한 이후 연합국은 1945년 8월 14일 더글러스 맥아더Douglas MacArthur 원수를 연합국 최고사령관SCAP; the Supreme Commander for the Allied Powers으로 임명하고 같은 해 10월 2일 최고사령관을 보좌하기 위한 총사령부GHQ; General Headquarters를 도쿄에 설치했다. 그리고 12월에는 모스크바에서 미·영·소 3상회의, 즉 3국 외무장관 회의가 개최되어 일본 점령통치에 관한 최고기관으로 11개국으로 구성된 극동위원회Far Eastern Commission를 설치하기로 결정했다. 최고사령관의 임무는 포츠담 선언과 일본의 항복 문서를 집행하는 것이었다. 이를 위해 일본 정부는 연합국 최고사령관의 모든 명령을 따라야 했다.

일본 정부에 대한 최고사령관의 명령은 기본적으로 지령을 통해서 이루어졌는데, 이를 일명 스카핀SCAPIN; Supreme Commander for Allied Powers Instruction이라고 한다. 스카핀은 총 2204호까지 내려졌는데, 독도와 관련해서는 특히 제677호와 제1033호가 주로 논의된다.

스카핀 제 677호

1946년 1월 29일 자 스카핀 제 677호는 "일본으로부터 일정 주변 지역의 통치 및 행정상의 분리"라는 제목의 지령이다. 이 지령 제 3항에서는 "이 지령의 목적상 일본이라 함은 4개의 주요 도서와 쓰시마對馬島 및 류큐琉球섬을 포함한 북위 30도 이북의 약 1천 개의 인접도서들을 포함하는 것으로 정의된다"고 하면서 제주도 및 울릉도와 함께 독도를 일본의 범위에서 제외시켰다. 다시 말해서 일본이 독도를 비롯한 한반도에 행사하고 있던 통치권과 행정권을 차단시켜 버린 것이다. 독도가 한국령이었기 때문에 이것은 당연한 귀결이었다.

이에 대해 일본은 스카핀 제 677호 제 6항이 "이 지령의 어떠한 부분도 포츠담 선언 제 8항에서 언급된 '작은 섬들'의 최종적인 결정에 관한 연합국 측의 결정을 의미하는 것으로 해석되어서는 안 된다"라고 규정한 점을 근거로 이는 연합국의 최종적 결정이 아니고, 연합국의 최종적 결정은 이후 〈샌프란시스코 평화조약〉에서 이루어졌으며, 〈샌프란시스코 평화조약〉은 독도를 일본령으로 정했다고 주장한다.

그러나 스카핀 제 677호가 비록 '최종적 결정'은 아니었다고 하더라도 적어도 당시 연합국들이 독도를 한국령으로 취급했다는 정황증거로서는 의미가 있다. 뿐만 아니라 스카핀 제 677호로써 일본의 독도에 대한 행정권과 통치권의 행사가 차단되어 일본이

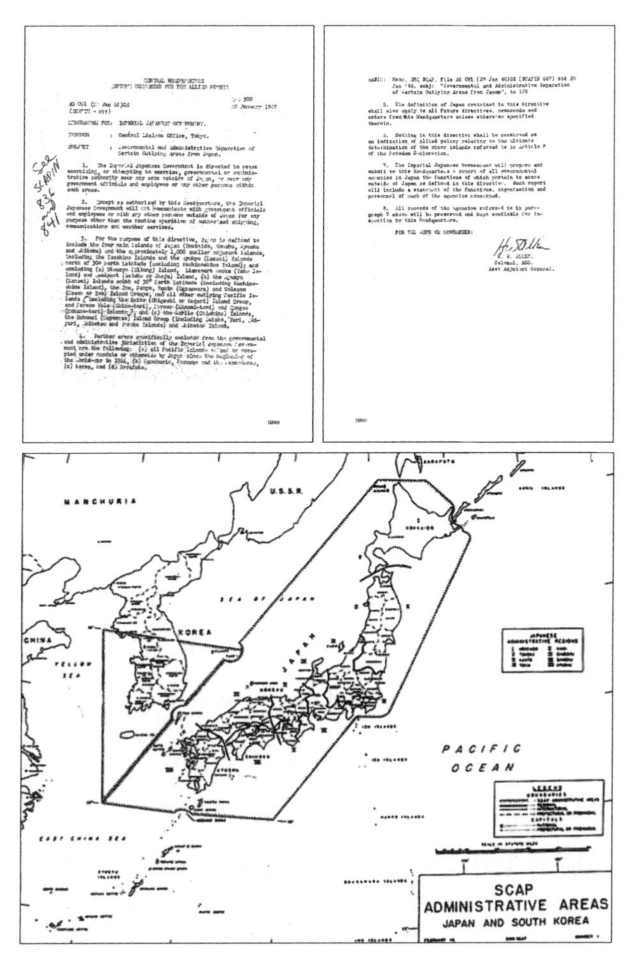

GENERAL HEADQUARTERS
SUPREME COMMANDER FOR THE ALLIED POWERS

AG 091 (29 Jan 46)GS
(SCAPIN - 677)

APO 500
29 January 1946

MEMORANDUM FOR: IMPERIAL JAPANESE GOVERNMENT.

THROUGH : Central Liaison Office, Tokyo.

SUBJECT : Governmental and Administrative Separation of Certain Outlying Areas from Japan.

See SCAPIN 836 and 841

1. The Imperial Japanese Government is directed to cease exercising, or attempting to exercise, governmental or administrative authority over any area outside of Japan, or over any government officials and employees or any other persons within such areas.

2. Except as authorized by this Headquarters, the Imperial Japanese Government will not communicate with government officials and employees or with any other persons outside of Japan for any purpose other than the routine operation of authorized shipping, communications and weather services.

3. For the purpose of this directive, Japan is defined to include the four main islands of Japan (Hokkaido, Honshu, Kyushu and Shikoku) and the approximately 1,000 smaller adjacent islands, including the Tsushima Islands and the Ryukyu (Nansei) Islands north of 30° North Latitude (excluding Kuchinoshima Island); and excluding (a) Utsuryo (Ullung) Island, Liancourt Rocks (Take Island) and Quelpart (Saishu or Cheju) Island, (b) the Ryukyu (Nansei) Islands south of 30° North Latitude (including Kuchinoshima Island), the Izu, Nanpo, Bonin (Ogasawara) and Volcano (Kazan or Iwo) Island Groups, and all other outlying Pacific Islands [including the Daito (Ohigashi or Oagari) Island Group, and Parece Vela (Okino-tori), Marcus (Minami-tori) and Ganges (Nakano-tori) Islands], and (c) the Kurile (Chishima) Islands, the Habomai (Hapomaze) Island Group (including Suisho, Yuri, Akiyuri, Shibotsu and Taraku Islands) and Shikotan Island.

4. Further areas specifically excluded from the governmental and administrative jurisdiction of the Imperial Japanese Government are the following: (a) all Pacific Islands seized or occupied under mandate or otherwise by Japan since the beginning of the World War in 1914, (b) Manchuria, Formosa and the Pescadores, (c) Korea, and (d) Karafuto.

BASIC: Memo, GHQ SCAP, file AG 091 (29 Jan 46)GS (SCAPIN 667) dtd 29 Jan '46, subj: "Governmental and Administrative Separation of Certain Outlying Areas from Japan", to IJG

5. The definition of Japan contained in this directive shall also apply to all future directives, memoranda and orders from this Headquarters unless otherwise specified therein.

6. Nothing in this directive shall be construed as an indication of Allied policy relating to the ultimate determination of the minor islands referred to in Article 8 of the Potsdam Declaration.

7. The Imperial Japanese Government will prepare and submit to this Headquarters a report of all governmental agencies in Japan the functions of which pertain to areas outside of Japan as defined in this directive. Such report will include a statement of the functions, organization and personnel of each of the agencies concerned.

8. All records of the agencies referred to in paragraph 7 above will be preserved and kept available for inspection by this Headquarters.

FOR THE SUPREME COMMANDER:

H. W. ALLEN,
Colonel, AGD,
Asst Adjutant General.

스카핀 제 677호와 그 부속 지도

더 이상 실효적 점유를 할 수 없게 되었다는 점도 국제법적으로 의미가 있다.

스카핀 제 1033호

일본에서는 1900년대 초 동력선이 개발되면서 일찍부터 원양어업이 발달했다. 게다가 당시는 영해가 3해리에 불과했고 오늘날과 같이 배타적 경제수역이라는 개념이 없었기 때문에, 어느 나라이든 간에 그 연안에서 3해리 밖이기만 하면 다른 나라의 어선이나 어민들도 누구나 어업을 할 수 있었다. 이에 일본인들은 세계 곳곳의 바다에서 무분별하게 어업을 했다. 이들은 한일강제병합 이전부터도 한국의 동해는 물론 남해, 서해에서도 남획을 하여 우리나라의 안보와 어민들의 생계를 위협했다.

제 2차 세계대전 종전 전부터 일본의 세계적 남획에 대해 문제의식을 느끼고 있던 연합국 최고사령관은 일본이 항복한 지 5일 후인 1945년 8월 20일 일본 어선의 전면적인 행동금지를 명했다. 이후 일본의 항의에 따라 조금씩 그 허용 범위를 넓혀 주었는데, 이 과정에서 1946년 6월 22일 스카핀 제 1033호가 탄생했다. 그리고 이 지령에 따라 일본을 둘러싸면서 만들어진 선을 일명 맥아더 라인이라고 한다. 맥아더 라인은 이후에도 1949년 9월 19일과 1950년 5월 11일, 각각 2차, 3차로 확장되었다. 스카핀 제 1033호 중 독도 영유권과 관련 있는 부분은 다음의 제 3항 (b) 이다.

> 일본의 선박 및 그 승무원은 차후 북위 37도 15분, 동경 131도 53분에 위치한 리앙쿠르암(독도)에 대해 12해리 이내로 진입하지 못하며, 또한 이 섬에 어떠한 접촉도 하지 못한다.

이 지령은 일본인들이 독도에 접촉하지 못하는 것은 물론이고, 12해리 이내에는 접근조차 하지 못하게 했다. 이 지령도 제5항에서 "본 허가는 해당 수역 또는 그 밖의 어떠한 수역에 있어서의 국가 관할권, 국제적 경계 또는 어업권의 최종적 결정에 관한 연합국 정책의 표현이 아니다"라고 규정했으나, 이 역시 스카핀 제677호와 마찬가지로 당시 독도가 한국령이었다는 정황증거로는 기능할 수 있다고 생각한다. 맥아더 라인에 따라 시마네현은 1946년 7월 26일 현령 제49호를 통해 〈시마네현 어업취체규칙島根縣 漁業取締規則〉에서 독도 및 강치어업에 관한 항목을 삭제했다. 이 역시 법률적으로 시마네현이 맥아더 라인이 독도를 한국 영역으로 본 것을 묵인 또는 승인한 것으로 평가할 수 있다.

광복 직후
한국 입장에서의 독도

분단의 시작

한국은 1945년 일본의 패전으로 독립을 맞이했으나, 독립 직후부터 분단의 소용돌이에 빠져들었다. 1945년 8월 8일 일본에 선전포고를 하면서 뒤늦게 참전한 소련군은 일본 관동군을 격파하면서 파죽지세로 남하하기 시작해 8월 22일에는 평양에 주둔했다. 미군은 1945년 9월 8일 인천에 상륙해 이튿날 서울에 주둔했다. 당초 미국과 소련이 한반도에 주둔한 것은 일본군의 무장해제와 전후처리를 위해서였다. 그러나 한반도의 공산화 통일을 원하는 소련과 이에 반대하는 미국의 입장 차이가 불거지고 결국 한국 문제를 다루기 위해 설치되었던 미·소공동위원회가 결렬되면서 한반도의 분단은 급속하게 고착되기 시작했다.

유엔은 1947년 제 2차 총회에서 통일 한국 정부 수립을 위한 총선거를 1948년 5월 31일 이전에 한반도 전역에서 실시하기로 결의하고 선거를 감시하기 위한 유엔 한국임시위원단을 구성했다. 그러나 소련 군정당국이 유엔 한국임시위원단이 북한지역에 출입하는 것을 막는 바람에 전국적인 총선거는 좌절되었다. 그러자

1948년 8월 15일 대한민국 정부수립 경축식 행사

1948년 2월 유엔 소총회는 유엔의 감시가 가능한 지역에서만 선거를 할 것을 결의했다.

이에 따라 1948년 5월 10일 남한에서만 자유총선거가 실시되어 제헌국회가 구성되었고, 같은 해 8월 15일에는 대한민국 정부 수립이 공포되었다. 한편 김일성 등 공산주의자들은 1948년 9월 9일 독자적 선거를 통해 북한지역에 '조선민주주의인민공화국' 수립을 선포하고 소련을 비롯한 공산제국의 승인을 얻어 냈다. 그러나 1948년 12월 12일 제 3차 유엔 총회는 대한민국 정부만이 한반도에 존재하는 유일한 합법정부임을 결의했다.

독도총격사건

한국은 해방 직후부터 분단 등 나라의 존폐를 좌우할 수 있는 거대한 소용돌이에 휘말려 들어갔기 때문에 독도에 대해서 큰 관심을 기울이지는 못하고 있었다. 이는 한국에서는 독도가 당연히 한국령이라고 여기고 있었기 때문이기도 했다.

그러다 독도가 큰 관심을 받게 된 것은 1947년 독도총격사건 때였다. 독도에서 어로작업에 종사하던 한국 어부들이 독도에 불법 상륙한 일본인의 총격을 받은 것이다. 이 소식을 들은 사람들이 얼마나 격앙되었는지는 당시 이 사건을 처음 보도한 〈대구시보〉의 다음 기사에 잘 드러나 있다.

> 해방 후 만 2년이 가까운 오늘에 이르기까지 조국의 강토는 남북으로 분할되고 이 땅의 동족들은 좌우로 분열되어 주권 없는 백성들의 애달픈 비애가 가슴 기피 사무치는 이즈음, 영원히 잊지 못할 침략귀 강도 일본이 이 나라의 정세가 혼란한 틈을 타서 다시금 조국의 섬을 삼키려고 독니를 갈고 있다는 악랄한 소식 하나가 전해져 3천만 동포의 격분에 불을 지르고 있다(〈대구시보〉 1947. 6. 20.).

2년 전 겨우 해방된 나라가 이제는 둘로 나뉘어 시련을 겪는 와중에 불과 2년 전까지 한국을 짓밟고 있던 일본이 독도를 삼키려고 하니 한국인들로서는 격분하지 않을 수 없었다.

당시 일본인이 독도에 들어오는 것은 불법이었다. 독도가 한국령이기 때문일 뿐만 아니라, 스카핀 제 1033호(맥아더 라인)가 일본 선박이나 선원이 독도로부터 12해리 이내에 접근하는 것을 금지했기 때문이다. 독도총격사건은 중앙 일간지에도 보도되면서 독도에 대한 관심은 전국적으로 번져 나갔다.

이 무렵 한국인들의 독도에 대한 관심이 커진 배경에는 맥아더 라인 완화에 따른 일본 어민들의 위협도 있었다. 당시 맥아더 사령부는 차츰 맥아더 라인을 확장해 주고 있었다. 맥아더 라인을 확장한다는 것은 일본 어민들의 활동범위를 넓힌다는 것이고 이는 곧 한국인들에게 어업적 측면에서뿐만 아니라 안보적으로도 위협이 커진다는 것을 의미했다.

한국인들은 일본이 타국을 침략할 때 선봉으로 사용하는 방법이 사전에 일본 어민들을 진출시키는 것이라고 인식하고 있었다. 한국이 일본에게 강점당하기 직전에도 일본 어민들이 한반도 연안을 장악했기 때문이다. 따라서 맥아더 라인이 확장되고 일본 어민들이 한국 근해에서 왕성하게 어업을 재개하는 것을 보면서 이제 막 일본으로부터 독립한 한국인들은 일본이 다시 침략해 오는 것은 아닌지 우려할 수밖에 없었다. 그 와중에 일본인들이 한국령인 독도에까지 들어와서 총격을 하니 불안과 분노는 이루 말할 수 없었다. 이때부터 독도 영유권과 맥아더 라인 및 일본의 재

침략에 대한 우려는 서로 밀접한 관련을 가지게 되었다.

독도조사대

같은 해 독도총격사건 직후 남조선 과도정부 민정장관 안재홍의 명령에 따라 과도정부 조사단과 조선산악회가 독도학술조사대를 편성해서 독도를 조사했다.

이 과정에서 "심흥택 보고서 부본"이 발견되어 고려대 사학과 신석호 교수가 논문을 발표하기도 하고, 서울대 국문학과 방종현 교수가 '독도'라는 명칭이 독섬, 돌섬, 석도와 이어진다는 추론을 하기도 했다.

1947년 8월 울릉도, 독도 학술조사를 진행한 독도학술조사대

독도학술조사대에 참가한 사람들의 활동은 오늘날 한국의 독도에 대한 인식과 이해를 형성하는 데 결정적인 영향을 미쳤다. 1905년 무렵 일본의 독도 편입과정에서는 나라 전체가 강점당하고 있던 중이라 제대로 저항하지 못했던 한국인들은 이때는 정부가 수립되기 이전부터 독도 영유권 수호를 위한 본격적인 준비에 나선 것이다.

독도폭격사건

이듬해에는 이른바 독도폭격사건이 발생했다. 1948년 6월 8일 일본 오키나와에 기지를 둔 미 공군기가 독도에 폭탄을 투하하고 총격을 가해 울릉도와 강원도의 어선 23척이 파괴되었으며, 어부 14명(16명이라는 설도 있음)이 즉사하고 10명이 중상을 입었다.

주일 연합국 최고사령관이 1947년 9월 16일 자로 발령한 스카핀 제1778호를 통해 독도를 주일 미 공군의 폭격연습지로 지정했는데, 한국 어민들은 그 사실을 알지 못하고 독도에서 조업을 하다가 화를 입은 것이다.

이 사건에 대한 진상 규명과 배상을 요구하는 목소리가 커지던 가운데 미국 극동항공대 사령부는 1948년 6월 17일 공식 성명서를 내고 '오키나와 주둔 미 전투기의 폭격연습으로 인한 우발적 사건'이라는 조사결과를 발표했다. 이어서 미군 당국은 6월 20일 독도에 대한 폭격연습을 일체 중지하겠다고 발표했다.

이 폭격사건은 독도에 대한 한국인들의 관심을 극도로 고조시켰다. 전국 각지에서 독도폭격사건 피해자를 돕기 위한 위문품이 줄을 이었다. 사건이 일어난 지 2년 뒤인 1950년 6월 28일에는 독도에서 위령비 제막식이 있었다. 이 위령비는 얼마 후 소실되었으나 경상북도가 2005년 8월 독도의 동도 몽돌해안 위쪽에 위령비를 복원·건립했다.

우국노인회의 청원

1948년 8월 5일에는 우국노인회가 맥아더에게 울릉도, 독도, 파랑도, 대마도對馬島(일본명 쓰시마)의 한국 반환을 요청하는 청원서를 보내기도 했다. 우국노인회는 신탁통치를 반대할 목적으로 60세 이상 노인들로 구성된 조직이었다. 이 청원서는 최남선에 의해서 작성되었다.

이 청원서는 주일 미 정치고문실에 접수되었다. 이 당시 주일 미 정치고문은 지일파知日派인 윌리엄 시볼드라는 인물이었다. 그는 뒤에서도 소개하겠지만 훗날 미국이 한때나마 독도를 일본령으로 보게 만드는 데 결정적 영향을 미쳤다. 이들은 이미 일본이 만든 울릉도와 독도가 일본령이라는 내용의 팸플릿을 참고하고 있었다. 이들은 우국노인회의 정체가 불명확하다는 등의 이유로 청원서에 회신조차 하지 않았다.

제5장

〈샌프란시스코 평화조약〉과 독도

외교부 제공

〈샌프란시스코 평화조약〉의 의미

일본이 자국 독도 영유권 주장의 가장 강력한 근거라고 생각하는 것이 바로 〈샌프란시스코 평화조약〉이다. 1905년의 독도 편입은 일본이 독자적으로, 그것도 제국주의적 침략 행위의 하나로 실시한 것이므로 그 정당성이 근본적으로 취약하다. 반면 1951년에 체결된 〈샌프란시스코 평화조약〉은 일본 외 48개국이 서명한 조약이므로 이 과정에서 독도가 일본령이라고 인정받았다면 보다 적법하고 보편적인 정당성의 근거를 취득할 수 있기 때문이다. 그런데 과연 〈샌프란시스코 평화조약〉이 독도를 일본령으로 확정했다는 일본의 주장은 옳은 것인가?

먼저 평화조약이 무엇인지 알 필요가 있다. 사람들 사이에 분쟁이 생기면 배상 책임 등을 정하는 합의서를 체결해서 법적 문제를 매듭짓는다. 같은 취지로 국가들 사이에도 전쟁이 끝나면 평화조약peace treaty을 체결한다. 강화조약講和條約이라고도 한다. 〈대일강화조약〉은 샌프란시스코에서 체결되었기 때문에 〈샌프란시스코 평화조약〉이라고 부르기도 한다. 평화조약은 전쟁 전후의 과정에서 변경되었던 영토를 정리해서 확정하는 경우가 많은데,

샌프란시스코 평화회의

이 점은 〈샌프란시스코 평화조약〉도 마찬가지이다. 한국의 영토에 관해서는 다음의 제2조 (a)가 규정했다.

> 제2조 (a) — 일본은 한국의 독립을 승인하고, 제주도, 거문도 및 울릉도를 포함한 한국에 대한 모든 권리, 권원 및 청구권을 포기한다.

그런데 위 조항은 보다시피 '독도'를 언급하지 않는다. 만약 여기에 독도가 명시되었다면 오늘날 한일 양국은 독도 문제로 인한 갈등을 겪을 필요가 없었을지도 모른다. 그러나 이 조항은 '독도'를 구체적으로 언급하지 않아서 독도가 일본이 포기한 영토 범위에 포함되는지에 대해 해석의 여지가 생긴다. 일본은 이 틈을 비집고 〈샌프란시스코 평화조약〉이 독도를 일본령으로 확정했다고 주장한다. 그것이 과연 사실일까.

연합국의 〈샌프란시스코 평화조약〉 추진과정

일본에서의 미군정 조기 종식 움직임

미국은 제 2차 세계대전에서 연합국 리더 격인 국가였던 데다가 〈샌프란시스코 평화조약〉 체결을 주도한 국가이므로 당시 미국이 어떤 과정을 거쳐서 조약을 체결했는지 살펴보는 것은 〈샌프란시스코 평화조약〉을 해석하는 데 있어서 매우 중요하다.

1946년경 미국에서는 일본에서의 군사적 점령을 조기에 끝내고 서둘러 평화조약을 체결해야 하는지, 아니면 군정을 계속해야 하는지를 두고 논쟁이 벌어졌다. 전쟁부는 일본의 완전한 무장해제를 위해서는 일본을 적어도 25년 이상 점령해야 한다는 입장이었던 반면, 국무부는 조기에 평화조약을 체결해서 점령을 종식해야 한다는 입장이었다. 다만 맥아더는 조기에 평화조약을 체결하는 데 대해 찬성하는 입장이었다. 군정이 장기화되면 군인들의 긴장이 풀려서 결국 부패하며 역사적으로도 장기 점령이 성공한 예가 없다는 것이 이유였다.

결국 조기에 일본 군정을 끝내고 평화조약을 체결하는 방향으로 의견이 모였다. 1946년 8월 26일 국무부와 전쟁부가 합동회의를 개최한 뒤 곧이어 대일평화조약 작업단이 결성되었다. 미국 내부적으로 평화조약 체결의 시기와 방향에 대한 공감대가 어느 정도 이루어지자 맥아더는 1947년 3월 17일 대외적으로도 극동 위원회 등에서 일본과의 평화조약을 조기에 체결하자고 제안했다. 그러나 소련과 중국은 반발했고, 결국 대일평화조약 추진은 더 진척될 수 없었다.

그러다 1947년 무렵부터 냉전이 본격화되었다. 소련의 영향을 받는 공산주의 진영이 급속히 영역을 넓혀 가자 미국은 1947년 공산주의 세력의 확대를 저지하고 반공정부를 지원하겠다는 '트루먼 독트린'과 서유럽 16개국의 시장경제 부흥을 지원하겠다는 '마셜플랜'을 발표했다. 이에 맞서 소련은 같은 해 유럽 9개국 공산당 대표와 '코민포름'을 창설했고 1948년에는 베를린을 봉쇄하기도 했다. 공산 세력은 동아시아에도 급속히 확산되어 중국, 북한에 공산주의 정권이 탄생했다.

공산주의 확산이 계속되자 미국은 일본을 더 이상 적국이 아니라 동아시아에서 공산세력을 막아 내는 중요한 동반자로 활용해야 한다고 생각하기 시작했다. 이를 위해 대일평화조약도 소련과 중국 등 공산국가들을 배제하고 미국과 가까운 국가들과 조기에 체결하기로 입장을 굳혔다. 1949년 9월 미국과 영국은 외무장관 회담에서 1950년 1월 개최 예정인 영연방 외상회의에서 미국 측 조약 초안을 회람하자고 제안했다. 이에 따라 미국 국무부는

1949년 11월 2일 자 초안을 만들었는데, 여기에 독도는 한국령으로 포함되어 있었다.

덜레스 특사의 등장과 평화조약의 성격 변화

1950년 4월 존 포스터 덜레스John Foster Dulles가 미국 국무장관 특사로 임명되면서 〈샌프란시스코 평화조약〉 추진은 급물살을 타게 되었다. 덜레스는 조속한 체결을 위해서 기존의 평화조약 추진 방향을 두 가지 측면에서 크게 바꾸어 놓았다.

첫째, 배상과 같은 전쟁 책임을 묻지 않고 일본을 최대한 배려하는 비징벌적 평화조약을 추구했다. 이에 대해서는 당시 일본 수상인 요시다 시게루吉田茂조차 훗날 "믿을 수 없는 제안"이라고 표현할 정도였다.

둘째, 세세한 사항들까지 규정하는 것을 포기하고 최소한의 원칙만을 제시하는 이른바 단축형 조약을 추구하기로 했다. 세세한 사항들까지 규정하려고 할 경우 관련국들 사이에 이견이 많아져서 그만큼 평화조약이 타결되기 어렵기 때문이다. 뒤에서 보다 상세하게 설명하겠지만 〈샌프란시스코 평화조약〉이 독도에 대해 언급하지 않은 것도 바로 이러한 차원에서였다.

덜레스가 제시한 새로운 원칙에 따라 1950년 8월 7일 새로운 평화조약 초안이 작성되었다. 전쟁범죄나 재산·권리·이익 등 징벌적인 장들은 사라지고 평화, 주권, UN 등의 장이 신설되었

존 포스터 덜레스 특사

다. 조문 수도 44개에서 21개로 축소되었다. 영토 조항에서도 일본의 부속도서를 일일이 언급하지 않고 지역 명칭은 개괄적으로만 적시했다.

덜레스는 1951년 1월부터 워싱턴과 뉴욕에서 각국 대표를 만나는 것 외에도 일본, 영국, 필리핀, 호주, 뉴질랜드를 방문하면서 평화조약에 대한 이견을 좁혀 나갔다. 일본과는 일본의 교전권을 부인하는 대신 미・일 간 상호방위조약을 체결해 주고 미군을 오키나와에 주둔시키기로 합의했다. 미국이 적국인 일본과 상호방위조약을 체결한 것에 대해 기존의 동맹국이었던 필리핀, 호주, 뉴질랜드 등이 불만을 제기하자 미국은 1951년 필리핀, 호주, 뉴질랜드와도 상호방위조약을 체결했다.

미 국무부는 1951년 3월 23일 "〈샌프란시스코 평화조약〉 임시 초안"(제안용)을 확정해 같은 해 3월 27일 주요 연합국 14개국과 일본에 전달했으며 이례적으로 한국에도 전달했다. 이는 불특정 다수의 연합국들에게 송부한 최초의 공식 초안이었다.

독도 영유권에 대한 미국의 평화조약 초안들의 입장

미국 정부의 대일평화조약 작업단은 1947년 1월 내부적으로 영토 조항 초안을 작성했다. 여기에는 일본이 "제주도, 거문도, 울릉도, 리앙쿠르암을 포함한 한국 근해의 모든 작은 섬들과 한국에 대한 권리와 권원을 포기한다"라고 규정했다. 리앙쿠르암은 독도의 또 다른 이름이었으므로 이 안은 독도는 한국령으로 명시한 것이다. 이후 국무부 내부검토용이었던 1947년 3월 19일 자, 7월 24일 자, 8월 1일 자, 8월 5일 자, 10월 14일 자, 11월 19일 자, 1948년 1월 2일 자, 1월 8일 자, 1949년 11월 2일 자 초안들에는 리앙쿠르암이 한국령으로 명시되어 있었다.

미국 국무부는 1949년 9월에 열린 영국과의 외무장관회담에 따라 1949년 11월 2일 자 평화조약 초안을 만들었는데, 여기에 독도는 한국령으로 포함되어 있었다. 국무부는 이 초안을 도쿄의 맥아더와 윌리엄 시볼드 주일 미 정치고문 등에게 송부했는데, 이때 시볼드는 독도에 관해 다음과 같이 두 차례에 걸쳐 일본에게 유리한 보고서를 제출했다. 이것은 독도를 한국령으로 보던 미국

윌리엄 시볼드 주일 미 정치고문

의 기존 입장을 바꾼 계기가 되었다.

2쪽 분량의 1949년 11월 14일 자 전문에서 시볼드는 독도와 관련해 "리앙쿠르암(다케시마)에 대한 재고를 요청함. 이들 섬에 대한 일본의 주장은 오래되었으며 유효한 것으로 보임. 상상컨대 안보적 고려에서 볼 때 그곳에 기상 및 레이더 기지를 상정해 볼 수 있음"이라고 썼다. 11쪽 분량의 1949년 11월 19일 자 급송문서에는 "리앙쿠르암(다케시마)을 일본에 속하는 것으로 특정할 것을 제안한다. 이들 섬에 대한 일본의 주장은 오래되고 유효한 것으로 보이며, 이들을 한국의 섬들로 간주하기는 어렵다. 또한 안보적으로 고려할 때, 이들 섬에 기상 및 레이더 기지를 설치하는 것은 미국에도 이익이 결부된 문제가 된다"고 썼다.

이 문서들을 보면 그가 독도 영유권을 판단하는 데 있어서 순수하게 역사적, 국제법적 차원에서 본 것이 아니라 미국의 안보적 이익의 측면에서 보았음을 알 수 있다. 아울러 일본의 주장만을 고려했을 뿐 한국의 입장에 대한 검토는 전혀 없었다는 점도 드러난다.

시볼드의 제안 이후 미 국무부의 1949년 12월 8일 자 초안에는 독도가 일본령으로 표시되었다. 이후 독도가 한국령으로 표시된 1949년 12월 19일 자 초안도 있기는 하지만 1949년 12월 29일 자, 1950년 1월 3일 자 초안, 1950년 7월에 작성된 "샌프란시스코 평화조약 초안에 대한 논평", 1950년 7월 18일 자 및 8월 3일 자 초안에 이르기까지 독도는 일본령으로 표시되었다.

영연방 국가들의 평화조약에 대한 입장

한편, 미국과 별도로 영국・호주・뉴질랜드 등 영연방 국가들도 〈샌프란시스코 평화조약〉 체결을 준비했다. 이들은 1947년 8월 캔버라 회의(영연방 수상회담), 1950년 1월 콜롬보 회의(영연방 외상회담), 1951년 1월 런던 회의(영연방 수상회담) 등 세 차례의 회의를 거쳐 〈샌프란시스코 평화조약〉 문제를 논의했다. 이들은 덜레스 특사의 방침과는 달리 기존의 전통적인 평화조약과 마찬가지로 일본에 대해 배상을 요구하는 징벌적 평화조약 초안을 준비했다. 특히 영토 조항에 대해서는 일본령을 위도와 경도를 특정하거나 지도에 경계선을 긋는 방법으로 구체적으로 표시하고자 했다. 만약 평화조약 체결 시에 일본의 영토가 지도에 그려졌다면 독도가 포함되었는지 여부가 분명히 드러났을 것이다.

1950년 5월에 출범한 영연방 대일평화조약 실무작업단이 만든 1951년 2월 28일 자 초안은 독도뿐만 아니라 제주도, 울릉도조차 일본령으로 기재되어 있을 정도로 부정확하고 조잡한 것이었다. 그러나 1951년 3월 작성된 초안에서는 일본의 영토에 대해 경도와 위도를 적시하면서 지도도 첨부했는데, 여기에는 울릉도와 독도가 일본령에서 배제되어 있었다.

1951년 4월 7일 자로 작성된 초안은 미국을 비롯해 캐나다, 호주, 뉴질랜드, 남아프리카공화국, 파키스탄, 스리랑카에도 송부될 정도로 공식성과 완결성을 지니고 있었는데, 여기에 첨부된 지도에서도 독도는 일본령에서 제외되어 있었다. 이 초안과 지도는 영국뿐만 아니라 캐나다, 호주, 뉴질랜드, 남아프리카공화국, 인도, 파키스탄, 실론 등 최소한 8개국 이상의 영연방 국가들이 1951년 3~4월 시점에 협의한 내용을 반영한 것이다. 이들 국가들은 일본의 로비에서 자유롭고 일본을 자국의 이익을 위해 이용할 필요도 적었기 때문에 보다 객관적이고 공정한 입장이었다고 평가된다.

영국은 1951년 3월부터 미국과 〈샌프란시스코 평화조약〉에

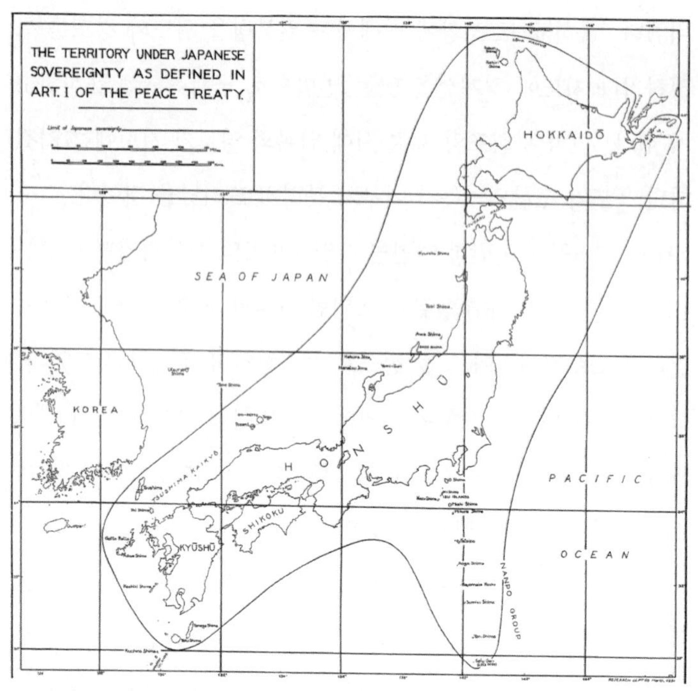

영국 외무성에서 작성한 1951년 4월 7일 자 초안에 첨부된 지도.
독도가 일본령에서 제외되어 있다.

대한 협의에 들어갔다. 미국은 1951년 3월 23일 자 초안을 관계국들과 영국에 전달했고 영국은 1951년 4월 7일 자 초안을 관계국들과 미국에 전달했다. 그러나 징벌적이고 상세한 평화조약을 추구한 영국과, 반대로 비징벌적인 단축형 조약을 추구한 미국은 조약문의 규정 방식에 대해 적지 않게 충돌했다. 특히 영토 조항과 관련해서 영국은 지도에 선을 그어 일본 영토의 범위를 정확하게 표시하자고 주장한 반면, 미국은 그러한 획선이 일본에게 심리적인 저항감을 준다는 이유로 거부했다. 그 밖에 중국의 회담 참가 문제나 한국의 당사국 지위 문제와 같은 기본적인 문제에 대해서도 의견이 달랐다. 덜레스 특사가 영국을 배제하고 〈샌프란시스코 평화조약〉을 추진할 수 없느냐고 하소연을 할 정도였다.

이때 합의가 이루어지지 않자 영국과 미국은 1951년 4월 25일부터 5월 3일까지 워싱턴에서 다시 회담을 진행했다. 그 과정에서 영토 조항과 관련해서는 영국 초안처럼 지도에 획선을 하지는 않는 대신 미국 초안보다는 조금 더 구체적으로 일본의 지명을 언급하는 선에서 타협을 보았다. 그 결과 5월 3일 도출된 첫 영미합동초안 제 2조의 한국 관련 영토 조항은 미국의 기존 초안에 "제주도, 거문도, 울릉도"를 추가해, "일본은 제주도, 거문도, 울릉도를 포함한 한국에 대한 모든 권리, 권원, 청구권을 포기한다"라고 명시했다. 이 조항이 최종 〈샌프란시스코 평화조약〉까지 이어진 것이다.

그러나 미국이 추진하는 방향과 같이 평화조약에서 일본의 영토를 상세하게 확정하지 않는다면 추후 관련국들 사이에 영토분쟁이 발생할 것은 불 보듯 뻔했다. 당시에도 관련국들이 이 점을 우려했다.

뉴질랜드도 향후 영유권 문제가 발생하는 것을 방지하기 위해 영국 초안과 같이 위도와 경도를 사용해 일본 영토의 경계선을 분명하게 정하는 것이 바람직하다는 견해를 피력했다. 이에 대해 미국은 선으로 일본의 영토를 에워싸는 방식은 일본인들에게 심리적으로 부정적인 영향을 미칠 수 있고, 한국의 영토 조항에 대해 미국이 제주도, 거문도, 울릉도를 명시하겠다고 함으로써 영국이 획선 제안을 철회하는 데 동의했다는 점을 들어 반대했다.

프랑스도 1951년 6월 14일 자 미국 초안과 관련해 향후 발생할 수 있는 영토분쟁을 UN이 처리하도록 하는 규정을 두는 것이 바람직하다고 주장했다. 이에 대해 미국은 지나친 부담을 주어 UN의 존립 자체를 위태롭게 할 수 있다는 등의 이유로 반대했다.

〈샌프란시스코 평화조약〉의 완성

이어서 미국과 영국은 제2차 영미합동초안(1951년 6월 14일)과 제3차 영미합동초안(1951년 7월 3일)을 도출하는 데 성공했다. 이들 초안은 다시 약간의 수정을 거쳐 8월 관련국들에 송부된 후, 9월 4일부터 8일까지 개최된 샌프란시스코 평화회의에서 48개국과 일본에 의해서 서명되었다.

일본과 전쟁관계에 있었던 국가는 54개국이었는데 이러한 국가들 중에서 이탈리아와 중국은 초청되지 않았고, 버마(현 미얀마), 인도, 유고슬라비아(현 세르비아, 슬로베니아, 크로아티아, 보스니아, 몬테네그로, 마케도니아 등 총 6개 국가로 분리)는 회의에 참석하지 않았으며, 소련, 체코슬로바키아(현 체코와 슬로바키아로 분리), 폴란드는 회의에는 참석했지만 서명은 하지 않았다.

우리나라는 〈샌프란시스코 평화조약〉의 당사국 내지 서명국으로 인정받지 못했다. 심지어 옵서버observer 자격조차 얻지 못했다. 우리나라가 회의에 참가할 경우 일본에 대한 책임을 물고 늘어져서 회담 진행이 어려워질 것을 미국 등 국가들이 우려했기 때문이다. 결국 우리나라는 완전한 비공식 자격의 방청객으로 샌프란시스코 평화회의에 참가했다.

〈샌프란시스코 평화조약〉에 대한 일본의 대응

일본 외무성의 총력 대응과 팸플릿

1946년경부터 미국 내부에서 대일평화조약을 조기에 체결하려는 움직임이 있다는 정보를 입수한 일본 외무성은 평화조약이 되도록 일본에게 유리하게 체결될 수 있도록 전력을 기울여 준비하기 시작했다. 외교의 중요성을 일찍이 깨달은 일본은 그동안 최고의 엘리트들을 외교관들로 다수 양성했다. 당시 일본 외무성 직원 수가 1만 명이었다. 일본은 항복 직후부터, 마치 우리나라가 〈을사늑약〉을 체결한 직후처럼, 외교권을 박탈당한 상태였기 때문에 그 많은 외무성 직원들의 역량을 대일평화조약 체결 준비에 충분히 집중시킬 수 있었다. 참고로 우리나라의 경우에는 1948년 대한민국 정부 출범 무렵에 외교부 직원들이 160명 정도였으나, 그마저도 숫자가 너무 많다고 해서 60명으로 줄였고, 대일평화조약이 체결될 무렵이던 1950년 초에는 부산으로 피난 간 정부의 외교부 직원 숫자가 30여 명이었다.

평화조약 체결 준비에 있어 일본 외무성의 가장 큰 목표는 영토를 최대한 덜 빼앗기는 것이었다. 포츠담 선언 제 8항은 "일본국의 주권은 혼슈本州, 홋카이도北海道, 규슈九州, 시코쿠四國 및 우리들이 결정하는 작은 섬들에 국한될 것이다"라고 했는데, 여기서 말하는 '작은 섬들minor islands'의 범위를 최대한 넓히는 것이 목표가 된 것이다. 그러기 위해서는 미국의 전문가들을 설득하는 것이 가장 효과적이었다. 그 방법으로 일본 외무성은 영문 팸플릿 〈일본의 부속소도Minor Islands Adjacent to Japan Proper〉를 만들었다(이 팸플릿은 일본이 공개한 것이 아니라 미국립문서기록관리청NARA에서 발굴된 것이다. 일본은 1945년부터 1951년 시기의 독도 관련 문서를 아직도 공개하지 않고 있다).

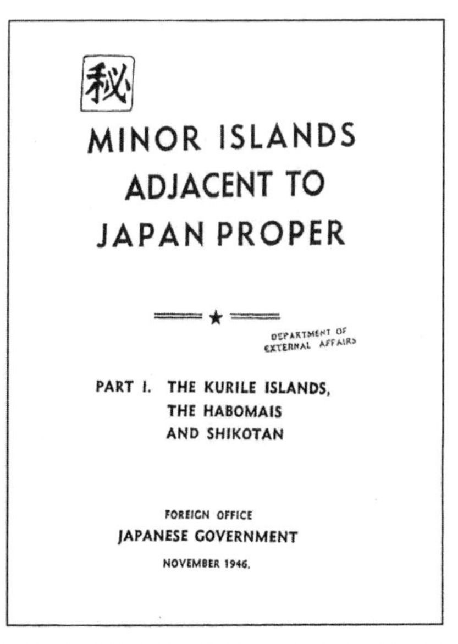
秘

MINOR ISLANDS
ADJACENT TO
JAPAN PROPER

DEPARTMENT OF
EXTERNAL AFFAIRS

PART I. THE KURILE ISLANDS,
THE HABOMAIS
AND SHIKOTAN

FOREIGN OFFICE
JAPANESE GOVERNMENT
NOVEMBER 1946.

일본 외무성이 작성한 영문 팸플릿 〈일본의 부속소도〉

팸플릿은 네 가지 종류가 있었는데, 그중 첫 번째 팸플릿에는 쿠릴열도Kuril Islands, 두 번째 팸플릿에는 류큐섬(현재의 오키나와), 세 번째 팸플릿에는 보닌섬(오가사와라제도) 등이 설명되어 있다. 1947년 6월에 마지막으로 제작된 네 번째 팸플릿에는 동해(일본해) 지역 섬들로서 독도 외에 울릉도가 소개되어 있다. 놀랍게도 일본은 세계대전에서 패한 이후에도 독도는 물론이고 울릉도까지 탐내고 있었던 것이다.

《은주시청합기》를 근거로 한 일본의 주장

이 팸플릿에는 울릉도에 대해서 한국이 1400년대 이래로 공도정책을 고집했고, 울릉도쟁계가 매듭지어진 1697년 도쿠가와 막부德川 幕府가 일본인이 이 섬에 가는 것을 금지시킨 이후에도 한국 당국은 공도정책에 변화를 주지 않았다고 설명되어 있다.

여기서 공도정책이라는 것은 한국에서 쇄환정책이라고 부르는 것을 말한다. 조선은 태종 때부터 울릉도를 노리는 왜구와의 마찰을 피하고 납세나 부역의 의무를 피하고자 하는 사람들이 숨어 들어 가는 것을 막기 위해서 일반 사람들이 울릉도로 가는 것을 금지하고 울릉도에 사는 사람들은 한반도 본토로 이주시키는 쇄환정책을 실시했다. 일본 측은 이를 두고 조선이 울릉도를 포기한 것처럼 주장하는 것이다.

그러나 이러한 주장은 타당하지 않다. 국가는 자신의 특정 영토에 사람들을 살게도 할 수 있고 살지 못하게도 할 수 있는데, 어느 쪽이든 국가권력을 행사해 영역을 관리하는 것이다. 특히 조선은 쇄환을 위해서 정기적으로 울릉도에 관리를 파견했기 때문에 더더욱 지속적으로 울릉도에 대해 실효적 점유를 해왔다고 볼 수 있다. 받아들여지기 어려운 주장임을 깨달았기 때문인지 일본 측은 현재에는 이와 같은 주장을 잘 하지 않는다.

이 팸플릿에서 일본은 울릉도와 독도에 대한 일본의 영유권을 입증하는 가장 오래된 문헌적 근거로 《은주시청합기隱州視聽合紀》(1667)를 들었다. 《은주시청합기》는 시마네현 관원인 사이토 호센齊藤豊仙이 은주(오키섬)를 순시하면서 보고 들은 것을 기록해 상부에 보고한 문서이다. 여기에는 울릉도와 독도에 대한 설명에 이어 다음과 같은 문장이 이어진다.

> 이 두 섬은 사람이 살지 않는 땅이다. 고려를 보는 것이 운주雲州(시마네현)에서 은주(오키섬)를 보는 것과 같다. 그렇다면 일본의 북서쪽 땅은 이 주州를 경계로 한다.

여기서 일본의 북서쪽 경계라고 일컬어지는 '이 주州'가 무엇인지를 둘러싸고 불과 십여 년 전까지만 해도 한일 간에 치열한 논란이 있었다. 일본 측에서는 '이 주'가 울릉도와 독도를 의미하는 것이므로 일본의 북서쪽 경계는 울릉도와 독도라고 주장했다. 반면 한국 측에서는 '이 주'가 은주(오키섬)를 가리키므로 울릉도와 독도는 일본령 밖이라고 주장했다.

'이 주'에 대한 해석이 갈리는 것은 일본에서는 '주州'가 '행정단위'의 의미로 사용되기도 하고, '섬'을 가리키기도 하기 때문이다. 은주(오키섬)는 행정단위를 가리키므로, '이 주'에서의 '주州'가 행정단위의 의미로 사용되었다면 오키섬을 가리키는 것이 되어 한국 측 주장이 옳고, 섬의 의미로 사용되었다면 울릉도와 독도를 가리키는 것이 되어 일본 측 주장이 옳을 것이다.

이와 관련해 2006년경 일본의 역사학자 이케우치 사토시池内敏는 《은주시청합기》 전체에서 '주州'라는 단어가 사용된 용례를 모두 조사했다. 그 결과 이 책에서 '주'가 모두 66번 사용되었는데, 그중 65군데에서 행정단위의 의미로 사용되었으므로, 인용문의 '이 주州'는 오키섬을 의미한다고 하여 울릉도와 독도가 한국령임을 명쾌하게 논증했다. 그 이후부터 일본은 독도 영유권과 관련해서 더 이상 《은주시청합기》를 언급하지 않는다.

팸플릿이 미국 정부에 미친 영향

이 팸플릿은 최고사령부SCAP 내에도 부처별로 배포되었을 뿐만 아니라 1947년 2월, 7월, 9월 모두 3차에 걸쳐 20부씩 주일 미 정치고문실을 통해 미 국무부로 송부되었다. 앞에서 말한 바와 같이 이 팸플릿은 독도는 물론 울릉도까지 일본령이라 주장하는 등

잘못된 내용이 많은 것이었다. 그러나 당시에는 그 밖에 영문으로 된 자료가 별로 없었고, 대한민국 정부가 이에 제대로 대응할 수도 없었던 상황이었기 때문에, 이 팸플릿은 미국 정부 내 전문가들에게 큰 영향을 미쳤다. 미국은 앞서 본 우국노인회의 청원을 묵살할 당시에도 이 팸플릿을 주요 근거로 참작했다. 뿐만 아니라 이후에 이른바 러스크 서한을 전후해 독도 영유권에 대한 미국의 입장을 정할 때에도 이를 상당 부분 참고했다.

〈샌프란시스코 평화조약〉에 대한 우리나라의 대응

한국전쟁 속에서

〈샌프란시스코 평화조약〉이 본격적으로 추진되던 무렵인 1950년 6월 25일, 한국전쟁이 발발했다. 이날은 휴일이라 약 3분의 1의 군대 병력이 외출했으며, 대부분의 부대 지휘관들이 2주 전에 막 교체된 상태였다. 이런 상황에서 북한이 소련제 탱크를 앞세우고 기습적으로 남침하자 탱크나 장갑차 한 대 없었던 우리나라는 속수무책으로 밀릴 수밖에 없었다.

미국에서는 6월 25일 UN 안전보장이사회가 소집되어 평화의 파괴를 선언하고 북한에게 적대행위 중지와 38선까지의 철수를 요구했다. 그러나 북한군은 이에 아랑곳하지 않고 계속 남으로 진격했다. 북한군이 개전 3일째인 6월 27일에 서울 도봉구 창동까지 밀고 들어오자 한국 정부는 같은 날 정부를 수원을 거쳐 대전으로 옮겼다.

UN 안전보장이사회에서는 1950년 7월 초 미국을 중심으로 통합사령부를 만드는 결의안을 채택했다. 이에 따라 맥아더 장군이 UN군 총사령관으로 임명되었고 미국, 영국, 호주, 뉴질랜드,

프랑스, 캐나다, 남아프리카공화국, 터키, 태국, 그리스, 네덜란드, 콜롬비아, 에티오피아, 필리핀, 벨기에, 룩셈부르크 등 16개국이 참전해 한국을 지원했다.

그러나 북한군은 미군까지 격파하면서 파죽지세로 남진했으며, 8월 초에는 경상도 일부를 제외한 대부분의 남한지역을 점령했다. 한국 정부는 이미 부산으로 옮긴 후였고 UN군은 낙동강에 최후의 방어선을 쳤다.

그러던 중 맥아더 사령관이 이끄는 UN군이 1950년 9월 15일 인천상륙작전을 감행하면서 전세가 역전되었다. 한국군과 UN군은 9월 28일 서울을 되찾은 후 38선을 넘어 계속 북진하여 10월 19일에는 평양을 점령했으며, 10월 26일에는 압록강, 11월에는 두만강까지 진격했다. 그러나 1950년 10월 말 중공군이 참전해 반격에 나섬에 따라 한국군과 UN군은 후퇴하기 시작했다. 1950년 12월 4일에는 평양에서 철수했고, 1951년 1월 4일에는 다시 서울을 내주고 후퇴했다. 맥아더 사령관은 중공의 개입에 대응해 만주에 원자폭탄을 투하할 것을 주장하기도 했으나 오히려 트루먼 대통령과 갈등을 빚어 1951년 4월 11일 해임되었다.

1951년 2월 1일에는 UN 총회가 중공을 침략자로 규탄하고 한반도에서 중공군의 즉각적인 철수를 요구하는 결의안을 채택했다. 그 무렵 중공군은 10만여 명의 전사자를 내고 퇴각했고, 3월 14일에는 한국군과 UN군이 서울을 수복했다. 이후 남북 간에는

인천상륙작전에 성공한 UN군

대대적인 공격 없이 38선 부근에서 진지전이 계속되었고, 1951년 7월부터는 서서히 정전 논의가 시작되었다. 그러나 휴전회담은 남북 경계선 확정방식과 양측 포로 송환 원칙에 대한 이견으로 수시로 중단되었다가 재개되기를 반복했고, 회담이 중단될 때마다 치열한 전투가 재개되었다.

평화조약에 대한 대응

우리나라가 본격적으로 〈샌프란시스코 평화조약〉에 대처하기 시작한 것은 한창 전쟁 중이던 1951년 1월부터였다. 당시 외교부는 전체 직원이 30여 명, 주미대사관 직원이 서너 명에 불과할 정도로 사정이 열악했다. 1950년 11월 국무총리로 임명된 주미대사 장면은 귀국길인 1951년 1월 26일 도쿄에서 덜레스와 면담했을 때 우리나라의 〈샌프란시스코 평화조약〉 참가를 요청했다. 이에 덜레스는 미국은 우리나라를 참가시킬 예정이며 이와 관련해서 사전에 우리와 협의할 것이라고 밝혔다.

당시 〈샌프란시스코 평화조약〉과 관련해 우리나라의 최대 관심사는 일본인들이 패전 후에 놓고 간 재산, 이른바 재한일본재산 또는 '적산敵産'을 우리나라 재산으로 처리하는 것이었다. 전국에 걸쳐 산재된 적산은 그 액수가 컸을 뿐만 아니라 이를 일일이 계산해서 일본에게 정산해 준다는 것은 매우 어렵고 복잡한 일일 수밖에 없었다. 우리 정부는 이 재산이 미군정을 거쳐 우리나라 정부로 이양되었으므로 우리나라 정부 재산이라고 주장한 반면, 일본은 1907년 〈헤이그조약〉 제 46조의 사유재산 몰수금지 원칙에 따라 몰수될 수 없다고 주장했다.

우리나라는 1951년 3월 무렵 처음으로 미국 측으로부터 〈샌프란시스코 평화조약〉 초안을 송부받았다. 이것은 1951년 3월 23일 자 초안으로 연합국 14개국과 일본에게 송부된 것이었다. 이 초안에는 "일본은 한국에 대한 모든 권리, 권원, 그리고 청구권을 포기한다"라고만 규정되어 있었고 독도는 물론 다른 섬들에 대한 언급이 없었다.

평화조약 초안에 대한 제 1차 답신서

이 초안을 받은 우리나라 정부는 1951년 4월 16일 외무부 내에 '외교위원회'를 구성해 정부의 의견서를 작성하기 시작했다. 이 외교위원회에는 김준연 법무부 장관, 유진오 고려대 총장, 배정현 변호사, 홍진기 법무부 법무국장이 참석했다. 여기서 주로 논의된 쟁점은 우리나라의 샌프란시스코 평화회의 참가 문제, 재한 일본재산의 우리나라 귀속 문제, 대일청구권 문제, 어업 문제, 통상 문제, 재일교포 문제 등이었다.

외교위원회 작업 결과 우리나라 정부는 1951년 4월 27일 자로 8쪽짜리 "한국 정부의 〈샌프란시스코 평화조약〉 임시초안에 대한 논평 및 제안서"를 작성해 미국에 송부했다. 이 제안서의 주요 내용은 ① 우리나라에게 연합국 및 〈샌프란시스코 평화조약〉 서명국 자격을 부여해 줄 것, ② 재일한국인에게 연합국 국민 자격을 부여해 줄 것, ③ 대마도를 반환해 줄 것, ④ 재한일본재산의 우리나라 귀속을 인정해 줄 것, ⑤〈샌프란시스코 평화조약〉 체결 이후에도 맥아더 라인을 존속시켜 줄 것, ⑥ 우리나라도 국제사법재판소 회원국으로 참가시켜 줄 것 등이었다. 그러나 여기에 독도에 대한 언급은 없었다. 당시 우리나라는 독도도 당연히 돌려받을 것이라고 알고 있었기 때문이다.

우리나라의 제안서에 대해 미국은 1951년 5월 9일 2쪽짜리 〈미국 조약 초안에 대한 한국 측 비망록에 대한 논평〉을 보냈다. 이 문서는 우리나라의 요구를 11가지로 정리한 다음, 재한일본재산의 한국 귀속 요구를 제외한 나머지 요구들에 대해서는 수용할 수 없다거나 오해라는 등 부정적으로 답변했다.

양유찬 주미대사는 〈샌프란시스코 평화조약〉 체결을 두 달 정도 남겨둔 1951년 7월 9일 덜레스 특사를 방문했다. 양유찬은 원래 보스턴대에서 의학을 공부하고 하와이에서 병원을 운영하던 의사였으나 이승만 대통령과의 인연으로 장면에 이어서 1951년부터 약 10년 동안 주미대사와 UN 총회 한국수석대표를 맡았다. 양유찬 대사를 만난 자리에서 덜레스 특사는 제 2차 영미합동초안인 1951년 6월 14일 자 초안을 양유찬 대사에게 직접 건네주었다. 이것은 우리나라가 수령한 두 번째 평화조약 초안이었다. 이 초안의 영토 조항에는 〈샌프란시스코 평화조약〉의 최종본과 마찬가지로 '제주도, 거문도, 울릉도'만이 언급되었다.

이 자리에서 덜레스는 아울러 우리나라가 평화조약 서명국 자격을 인정하지 못한다는 사실을 알리고, 우리의 대마도 반환 요구를 기각했으며, 맥아더 라인의 존속 요청도 거부했다. 같은 날 미국의 딘 애치슨Dean Goodenham Acheson 국무장관은 부산의 주한미국대사관에 전문을 보내 덜레스-양유찬 면담 사실을 통보하며 우리나라 외무부에도 1951년 7월 3일 자 평화조약 초안을 전달하도록 조치했다.

이 초안은 우리 정부 내 외교위원회에도 접수되었다. 이때 외교위원회를 주도하던 유진오는 여기에 독도를 명시하는 것이 장래 말썽이 일어날 여지를 없애기 위해서 좋겠다고 했다. 유진오가 독도를 언급한 것은 최남선의 영향에 따른 것이었다. 언젠가 유진오가 최남선의 집을 방문했을 때, 최남선은 독도가 우리 땅임을 유진오가 확신을 가질 수 있을 정도로 설명해 주었으나 대마도가 우리 영토인가에 대한 질문을 받고는 빙그레 웃으면서 고개를 좌우로 저었다고 한다. 당시 최남선은 아울러 현재의 이어도인 '파랑도波浪島'에 대한 설명도 했다. 파랑波浪이라는 이름이 물이 파랗게 났대서 붙은 것인지, 섬이 물속에 들어갔다 나왔다 하기 때문에 붙은 것인지 확실치는 않지만, 어쨌든 그것도 한국 영토로 확실히 해두는 것이 좋을 것이라고 했다는 것이다.

대마도와 이어도 문제

여기서 대마도와 이어도에 대해서 국제법적 관점에서 간략한 설명을 하고자 한다. 먼저 대마도는 일본 규슈로부터는 147킬로미터 떨어져 있지만, 부산에서는 47킬로미터밖에 떨어져 있지 않기 때문에 역사적으로 우리나라와 관계가 깊었다. 11세기 후반부터 대마도는 고려에 진귀한 물품을 바쳤다. 여몽麗蒙(고려와 몽골) 연합군의 일본 정벌 이후 고려와의 관계가 단절되자 많은 대마도민이 식량을 구하기 위해 왜구로 나섰다. 대마도는 섬 전체가 산지 지형이라 예부터 농사가 넉넉지 못했기 때문이다.

고려 말부터 왜구의 창궐은 나라에 심각한 골칫거리였다. 이에 고려 공양왕 시절인 1389년에는 박위가, 조선 세종 시절인 1419년에는 이종무가 대마도 정벌에 나서기도 했다. 조선은 매번 군사적으로 제압하기도 어려워서 대마도에 여러 회유책을 제공하기도 했다. 3포를 개항하고 왜관의 설치를 허용함으로써 대마도가 조선과의 무역을 통해서 경제적 이익을 얻을 수 있도록 한 것이다. 또한 상당량의 세사미歲賜米(조선 세종 때부터 해마다 대마도 도주에게 내려 주던 쌀)를 하사하고 대마도민에게 무관 벼슬 등의 관직을 주었다. 이로써 대마도민이 조선의 울타리를 지키는 사람이라는 상징성을 부여한 듯하다.

이와 같이 조선은 대마도를 일본에 속한다기보다는 조선의 변방으로 인식했다. 조선의 역사서 중에는 “대마도가 본래 우리 땅”

이라거나 "경상도의 계림鷄林에 예속되어 있었다", "조선과 대마도의 관계는 부자관계와 같다"는 등의 언급도 있다.

그러나 대마도 주민들은 자신이 조선에 속한다고 생각하지 않았던 것 같다. 중국의 진수가 편찬한 《삼국지三國志》도 대마도를 왜국의 일부로 기록하고 있다. 임진왜란 이후 일본의 경제력이 크게 성장하면서 대마도의 일본에 대한 예속이 강화되었다. 메이지유신明治維新 이후 대마도는 나가사키현의 하위 지방행정단위로 편제되었고 대마도가 담당하던 대조선 외교도 1872년부터 일본 중앙정부가 직접 관장했다.

이러한 사정들은 국제법적으로 볼 때 일본이 대마도에 대해 상당 기간 실효적 점유 내지 주권행사를 한 것이라고 평가할 수 있다. 그 기간 동안 조선이 일본에 대해서 이의를 제기하면서 대마도에 대한 영유권을 주장한 것도 아니다. 그렇다면 이 기간 이후에 대마도가 한국령이라고 주장하는 것은 국제법적으로 인정받기 어렵다.

1948년 8월 15일 대한민국 정부가 수립되자마자 이승만 대통령은 일제 식민통치에 대한 배상으로 대마도 할양을 요구했고 그 후에도 대마도 반환 주장을 여러 차례 반복했다. 앞서 본 바와 같이 〈샌프란시스코 평화조약〉 체결과정에서도 우리나라 정부는 연합국 측에 대마도 반환을 공식적으로 요청했다가 기각당하기도 했다.

한편 이어도(파랑도)를 섬으로 알고 있는 경우가 많은데, 이어도는 섬이 아니다. 이어도가 섬으로 알려진 데에는 앞서 본 최남선의 영향이 있었던 것으로 보인다. 이어도는 수면 위로 모습이 드러나지 않는 수중 암초이다. 가장 높은 부분도 수심 약 4.6미터의 바닷속에 있다. 큰 파도가 칠 경우 일시적으로 노출될 때도 있으나 여전히 섬은 아니다. 국제법상 섬으로 인정되기 위해서는 항상 수면 위로 돌출되어 있어야 하기 때문이다. 이어도에 2003년 종합해양기지가 설치되어 있지만 섬이 되려면 '자연적으로 형성된 육지지역'이어야 한다. 이어도는 국제법상 섬이 아니므로 영해도, 배타적 경제수역도, 대륙붕도 가질 수 없다. 이 때문에 한국과 중국은 모두 이어도가 영토분쟁의 대상이 될 수 없다는 인식을 가지고 있다.

다만, 우리나라와 중국 사이에는 아직 배타적 경제수역의 경계가 합의되지 않았다. 국가들은 연안으로부터 200해리 범위 내에서 배타적 경제수역을 설정할 수 있는데 이 범위가 서로 겹치는 경우에는 합의로 경계를 정해야 한다. 그러나 우리나라와 중국이 서로 다른 기준을 주장하기 때문에 합의가 아직도 이루어지지 않았다. 우리나라는 중간선을 원칙으로 삼고자 하나 중국은 형평의 원칙을 내세우며 자신들이 보다 넓은 수역을 차지해야 한다고 주장한다. 중국이 주장하는 수역에 따르더라도 이어도는 우리나라의 배타적 경제수역 내에 들어간다. 다만 이어도는 양국으로부터

200해리 이내에 위치하고 있어서 중국도 일단은 자국의 배타적 경제수역 관할에 속한다고 주장하는 것이다.

제 2차 답신서

우리나라 정부가 제 2차 답신서를 작성하자 양유찬 주미대사는 1951년 7월 19일 한표욱 1등서기관을 대동하고 미 국무부의 덜레스를 만나 이를 직접 전달했다. 한 쪽짜리 제 2차 답신서에서 우리 정부는 ① 영토 조항에 '독도와 파랑도'가 한국에게 반환된다는 것, ② 재한일본재산이 한국에 법적으로 이양되었다는 것, ③ 〈샌프란시스코 평화조약〉 발효 후에도 맥아더 라인이 존속된다는 것, 이렇게 세 가지 취지를 〈샌프란시스코 평화조약〉에 명시해 줄 것을 요구했다.

이것이 바로 〈샌프란시스코 평화조약〉 체결과정에서 우리나라 정부가 최초로 연합국에게 독도 영유권을 주장한 것이다. 〈샌프란시스코 평화조약〉 체결까지 불과 한 달 정도 남은 시점이자 〈샌프란시스코 평화조약〉 최종 초안이 완성되기까지는 2주일도 채 안 남은 시점이었다.

그 자리에서 덜레스는 독도와 파랑도가 어디 있는지 물었다. 당시 미국 측에 독도는 '리앙쿠르암'이라는 이름으로만 알려져 있었고 '독도'라는 이름은 알려지지 않았기 때문이다. 이에 한표욱 1등서기관은 이 두 개의 작은 섬들이 일본해에 위치해 있으며 대체적으로 울릉도 인근에 위치하는 것으로 안다며 파랑도에 대해서는 부정확하게 답변했다. 덜레스는 이어서 이 섬들이 일본 병합 이전에 한국령이었는지 물었고 양 대사는 그렇다고 대답했다. 덜레스는 그렇다면 한국 영토에 포함시키는 데 아무 문제가 없을 것으로 본다고 했다. 이것이 〈샌프란시스코 평화조약〉과 관련해 진행된 한미 협의과정에서 최초로 독도가 거론된 순간이다.

그 밖의 쟁점과 관련하여 덜레스는 재한일본재산 문제에 관해서는 생각해 보겠다고 했고, 맥아더 라인의 존속은 조약에 포함시킬 수 없다고 못 박았다.

이후 한국 정부는 1951년 7월 27일에 1951년 8월 2일 자로 기재된 제 3차 답신서를 주한미국대사 무초John J. Mucho에게 전달했다. 이 답신서는 양유찬 주미대사를 통해서 1951년 8월 2일 덜레스에게도 전달되었다. 이 답신서에서 한국 정부는 재한일본재산의 한국 귀속과 맥아더 라인의 존속을 거듭 주장했지만 제 2차 답신서에서와는 달리 독도나 파랑도에 대한 언급은 하지 않았다. 대신 이 무렵, 양유찬 주미대사와 변영태 외무부 장관은 각기 미국과 한국에서 기자회견을 열어 독도 영유권을 주장했다.

미국 국무부의 반응: 보그스의 보고서와 러스크 서한

한편 양유찬 대사가 덜레스를 면담하던 1951년 7월 미 국무부 내에서는 독도 문제가 본격적으로 논의되기 시작했다. 지리전문가

이자 당시 국무부 정보조사국 지리담당관으로서 이 문제를 맡고 있던 새뮤얼 보그스Samuel W. Boggs는 그 무렵 리앙쿠르암(독도)을 한국령으로 명시하는 것이 좋겠다는 취지의 보고서를 세 건 작성했다.

1951년 7월 13일 작성한 첫 번째 보고서에서는 리앙쿠르암이 일본령이라고 기재된 일본의 1947년 팸플릿을 언급하면서도 〈샌프란시스코 평화조약〉 제2조 (a)에서 "일본은 한국의 독립을 승인하며, 제주도, 거문도, 울릉도 및 리앙쿠르암을 포함해 한국에 대한 모든 권리, 권원, 청구권을 포기한다"라는 형식으로 리앙쿠르암을 특정해 주는 것이 바람직하다고 했다. 1951년 7월 16일 작성한 두 번째 보고서에는 만약 이 섬을 한국에 주도록 결정한다면 초안 제2조 (a)항 끝에 "및 리앙쿠르암"이라고 추가하기만 하면 될 것이라고 기재했다. 1951년 7월 31일 작성한 세 번째 보고서에서는 양유찬 대사가 독도·파랑도를 언급한 것에 대해 워싱턴에 있는 모든 자료들을 찾아보았지만 두 섬 모두를 확인할 수 없다고 했다. 이것은 '독도'가 곧 '리앙쿠르암'임을 알지 못했기 때문이다.

보그스는 독도와 파랑도의 위치 확인에 실패하자 국무부 채널로 주미한국대사관에게 문의했다. 이에 주미한국대사관의 한 관리는 자신들은 독도와 파랑도가 울릉도 인근이나 다케시마암 인근에 있다고 믿는다고 부정확하게 답변했다.

주미한국대사관을 통해서도 충분한 정보를 얻을 수 없자 미 국무부는 1951년 8월 7일 주한미국대사관에 문의했다. 이에 대해 주한미국대사관은 다음 날 독도는 일본명으로 다케시마이며 한국 외무부가 파랑도에 대한 요구를 철회했다고 답신했다. 이때 미국은 비로소 리앙쿠르암이나 다케시마가 독도라는 것을 알게 되었다.

이러한 미국의 움직임을 보면 비록 덜레스가 원칙적으로 단축형 조약을 추구했지만 독도 문제에 있어서는 한국의 요청을 고려해 〈샌프란시스코 평화조약〉에 독도를 한국령으로 명시할 가능성도 제법 있었던 것으로 보인다. 그렇기 때문에 당시 주미한국대사관 직원들이 독도에 관한 정확한 정보를 미국 측에 제공하지 못했던 것은 매우 안타깝다. 만약 독도에 대한 충분한 정보가 미국 측에 제공되었다면 〈샌프란시스코 평화조약〉에 독도가 한국령으로 명시될 가능성도 있었고, 그랬다면 오늘날 일본이 독도 영유권을 더 이상 주장할 수 없었을지도 모른다. 당시 우리나라는 한국전쟁을 치르고 있었고 주미대사관에는 한국 직원이 서너 명에 불과할 정도로 환경이 열악했으므로 이처럼 부족한 대응을 한 것이 이해되는 측면도 있지만, 그렇다고 해도 안타까움을 지울 수는 없다. 외교관 한 명의 말과 지식이 역사의 흐름에 얼마나 중요한 파장을 미칠 수 있는지를 일깨워 주는 대목이다.

결국 미 국무부는 딘 러스크 국무장관 명의로 1951년 8월 10일 양유찬 주미대사에게 한국의 요구에 관한 미국의 입장을 담은 이른바 러스크 서한을 보냈다. 이 서한에서 미국은 맥아더 라인의 유지 요청을 기각했고, 재한일본재산의 한국 귀속을 인정했다. 아울러 다음과 같이 독도 영유권에 대한 미국의 판단을 제시했다.

> … 제 2조에 독도, 파랑도를 포함시켜 달라는 한국의 요청에 대하여, 미국은 그렇게 해줄 수 없음을 유감스럽게 생각한다. 미국은 일본이 1945년 8월 9일 포츠담 선언을 수락한 것이 곧 포츠담 선언에서 다루어진 지역에 대한 일본의 공식적 또는 최종적 주권의 포기를 구성한다는 이론을 〈샌프란시스코 평화조약〉이 채택해야 한다고는 생각하지 않는다.
>
> 독도 — 다른 이름으로는 다케시마 혹은 리앙쿠르암으로 불리는 — 와 관련해서 우리 정보에 따르면, 통상 사람이 거주하지 않는 이 바윗덩어리는 한국의 일부로 취급된 적이 없으며, 1905년 이래 일본 시마네현 오키도사 관할하에 놓여 있었다. 한국은 이전에 결코 이 섬에 대한 권리를 주장하지 않았다.

일본은 이 러스크 서한을 〈샌프란시스코 평화조약〉이 독도를 일본령으로 확정했다는 매우 중요한 근거로 삼고 있는데, 이 점에 대해서는 뒤에서 상세히 설명한다.

국제법의 관점에서 본 〈샌프란시스코 평화조약〉

평화조약 당사국이 아닌 우리나라에 미치는 법적 효력

조약의 효력은 조약 당사국에게만 미치는 것이 원칙이다. 우리나라는 〈샌프란시스코 평화조약〉의 당사국이 되려고 노력했으나 받아들여지지 않았다. 그렇다면 원칙적으로 〈샌프란시스코 평화조약〉은 우리나라에게 법적 효력을 미치지 못한다.

그렇지만 우리나라에 〈샌프란시스코 평화조약〉의 법적 효력이 전혀 미치지 않는 것은 아니다. 〈샌프란시스코 평화조약〉 제21조는 한국이 제 2, 4, 9, 12조의 이익을 받을 권리를 취득한다고 규정했다. 런던에서 1951년 6월 2일부터 14일까지 개최된 제2차 영미회담에서 영국과 미국은 우리나라에게 〈샌프란시스코 평화조약〉 당사국의 지위를 인정하지 않는 대신 〈샌프란시스코 평화조약〉 제 2조 등의 이익을 받는 권리를 부여하기로 합의했다. 이 제 21조를 근거로 우리나라는 제 2조가 규정하는 이익을 받을 권리를 취득한다. 즉, 일본이 한국 영토를 포기함으로 인한 권리를 법적으로 누릴 수 있게 되는 것이다. 이런 규정이 없다면 한국이 사실상 반사적으로 이익을 얻더라도 이를 법적 권리로 볼 수는 없는데, 이 규정이 있음으로써 이런 이익을 법적으로 주장할 권리를 갖게 되는 것이다.

우리나라가 〈샌프란시스코 평화조약〉 제2조 (a)의 이익을 받을 권리를 가진다고 해서 독도 영유권과 관련해 제2조 (a)가 우리나라에게 이익이 되는 방향으로 해석되어야 한다고 주장할 수 있는 것은 아니다. 제21조의 취지는 제2조를 해석한 결과 한국에게 이익이 되는 부분이 있는 경우에 그것에 대해 우리나라가 반사적 이익이 아니라 법적인 권리를 가진다는 것이지, 제2조 등에 대한 해석 자체가 우리나라에게 유리하게 이루어져야 한다는 의미는 아니기 때문이다.

〈샌프란시스코 평화조약〉은 독도를 일본령으로 확정한 것인가?

〈샌프란시스코 평화조약〉 제2조는 일본이 반환해야 할 섬으로 제주도, 거문도, 울릉도만을 언급할 뿐, 독도는 언급하지 않았다. 그러나 그렇다고 해서 3천 개가 넘는 한국의 나머지 섬들이 모두 일본령으로 확정된 것은 아니다. 마찬가지 이유로, 이 조항에 독도가 언급되지 않았다는 점만으로 독도가 일본령으로 확정되었다고 볼 수는 없다.

그렇다면 〈샌프란시스코 평화조약〉은 독도 영유권이 어느 나라에 있다고 판단한 것인가? 일본령으로 결정한 것인가, 아니면 한국령으로 결정한 것인가? 필자는 다음과 같은 점들을 고려할

〈샌프란시스코 평화조약〉 체결 모습

때 〈샌프란시스코 평화조약〉은 독도 영유권을 결정한 바 없다고 생각한다.

첫째, 〈샌프란시스코 평화조약〉의 취지 자체가 독도와 같이 특정 국가들 사이에서만 문제시되는 세부사항에 대한 규정은 배제하는 것이었다. 덜레스가 〈샌프란시스코 평화조약〉을 조속히 매듭짓기 위해 단축형 조약을 추진했다는 점은 앞서 충분히 설명한 바 있다. 덜레스는 준비에 착수한 시점으로부터 불과 1년 반도 안 되어 당사국이 49개국이나 되는 〈샌프란시스코 평화조약〉의 체결을 성공시켰다. 그렇게 빨리 다자조약을 체결할 수 있었던 이유는 바로 국가들 사이에 분쟁이 될 만한 세세한 부분은 다루지 않기로 한 데 있었다. 독도 영유권 문제가 이러한 원칙의 예외라고 볼 근거가 없다.

둘째, 독도 영유권 문제를 〈샌프란시스코 평화조약〉에서 결정하지 않기로 한 것은 앞서 본 바와 같이 조약 체결을 주도한 미국과 영국의 협의 과정에서도 분명하게 드러났다. 영국은 당초 독도를 한국령으로 보았으나, 미국은 독도 문제와 같은 세세한 문제는 〈샌프란시스코 평화조약〉에서 다루지 않고자 했다. 영국과 미국이 쉽게 이견을 좁히지 못하던 가운데, 결국 영국은 일본의 영토를 선으로 표시하려던 입장을 포기하고, 미국은 평화조약 초안에 '제주도, 울릉도, 거문도'와 같은 일부 섬들을 명시적으로 거론하는 것으로 타협을 본 것이다.

셋째, 미국은 〈샌프란시스코 평화조약〉 체결 직전인 1951년 7월 독도 영유권을 본격적으로 검토한 결과 잠정적이나마 일본령이라는 결론을 얻었지만, 그럼에도 불구하고 〈샌프란시스코 평화조약〉에 독도를 일본령으로 명시하지 않았고, 관련 당사국에게 이러한 입장을 널리 피력하지도 않았다. 오히려 그 이후에도 스스로 미국의 입장은 당사국 중 한 국가의 입장일 뿐이라며 법률적 이해관계가 없다고 했다.

넷째, 〈샌프란시스코 평화조약〉 당사국 49개국 중 대다수 국가들이 독도 문제에 대해서 아무런 입장을 표명하지 않았다.

이런 사정들을 종합적으로 고려할 때, 〈샌프란시스코 평화조약〉이 독도를 한국령이나 일본령으로 확정지었다고 보기는 어렵다. 그렇다면 독도 영유권 문제는 〈샌프란시스코 평화조약〉을 떠나서 그 이전의 사정들에 근거해서 판단할 수밖에 없다. 앞서 밝힌 바와 같이 그 이전에 우리나라의 독도에 대한 역사적 권원이 성립한 것으로 보는 것이 타당하며, 해방 직후에도 스카핀 제 677호와 제 1033호 등에서 보듯이 독도의 영토주권이 우리나라에게 속한 것으로 인식되고 있었다고 보아야 한다.

미국 입장의 법적 효력

일본은 〈샌프란시스코 평화조약〉이 독도를 일본령으로 판단한 것이라고 주장하면서 가장 중요한 근거로 평화조약 체결을 주도한 미국이 독도를 일본령으로 보았다는 점을 든다. 평화조약을 준비하는 과정에서 미국 국무부가 독도를 한국령으로 판단한 적도 있었으나, 앞서 보았듯이 이러한 입장을 바꾸어 독도를 일본령으로 판단한 적이 있었던 것도 사실이다. 또한 미국이 〈샌프란시스코 평화조약〉 체결과정에서 주도적인 역할을 한 것도 사실이다. 그럼에도 불구하고 이러한 일본의 주장은 국제법적 관점에서는 설득력이 약하다.

첫째, 현실적으로 볼 때에는 미국이 조약 체결 과정에서 주도적 역할을 했을지 모르지만, 법적으로는 미국도 〈샌프란시스코 평화조약〉의 48개 당사국 중 하나일 뿐이다. 미국이 나머지 국가들로부터 의견 형성에 있어서 대리권이나 대표권을 위임받은 것도 아니다. 〈샌프란시스코 평화조약〉 특사였던 덜레스조차 국무장관 시절 "미국은 당사국들 중 1개 국가일 뿐이고 독도 문제에 대해 법률적 이해관계가 없다"고 밝힌 바 있다.

둘째, 미국은 독도를 일본령으로 본 것으로 해석할 여지가 있는 러스크 서한을 〈샌프란시스코 평화조약〉에 포함시키지 않았다. 그러한 입장을 샌프란시스코 평화회의에서 주장하지도 않았다. 러스크 서한이 작성되던 1951년 8월 10일, 미국은 이미 7월 20일에 〈샌프란시스코 평화조약〉의 최종 초안을 관련 51개 당사국들에게 송부한 상태였기에 〈샌프란시스코 평화조약〉의 내용을 변경하려는 의사가 없었다. 게다가 미국은 러스크 서한을 다른 당사국이 아닌 오로지 우리나라에게만 송부했다. 러스크 서한에 있는 재한일본재산 문제나 맥아더 라인 문제에 대한 언급도 오로지 한국에만 관련된 것이었다. 따라서 이러한 문서를 〈샌프란시스코 평화조약〉의 해석에 이용할 수는 없다.

셋째, 러스크 서한의 내용 자체를 보더라도 이 결론이 잠정적인 것임을 알 수 있다. 러스크 서한의 문구에서도 서두에 "우리 정보에 의하면"이라고 밝혀 그 내용이 제한적인 정보범위에서 내린 잠정적 결론임을 전제했다. 미국이 당시 취합한 정보라는 것도 일본의 팸플릿, 주일법률고문 시볼드의 전문, 주미한국대사관 및 주한미국대사관에 대한 구두문 정도가 전부로, 매우 제한적인 것이었다.

넷째, 미국이 내부적으로 독도를 일본령이라고 생각했다는 것과 대외적으로 〈샌프란시스코 평화조약〉 등을 통해 독도를 일본령으로 결정하려고 했다는 것은 다르다. 앞서 살펴본 상황들을 종합하면 미국은 단축형 조약을 추진해 조속히 조약을 체결하고자 했기 때문에 독도와 같은 작은 섬의 영유권 문제는 〈샌프란시스코 평화조약〉에서 결정하지 않으려고 했다. 즉, 설사 미국이 당시 독도를 일본령으로 보았다고 하더라도 〈샌프란시스코 평화조약〉에서는 독도 영유권을 결정할 생각이 없었던 것이다. 만약 그럴 생각이 있었다면 미국은 일본이 반환해야 하는 영토를 규정한 〈샌프란시스코 평화조약〉 제 2조에 '독도는 제외'라는 취지를 명시했을 것이다. 일본이 근거로 들고 있는 벤플리트 귀국보고서에도 미국이 독도를 일본령이라 보았지만 한일 간의 분쟁에 관여하지는 않기로 했다는 점을 명시했다.

다섯째, 〈샌프란시스코 평화조약〉 체결 직후 미국은 독도 문제에 대해서 중립적인 입장으로 선회했고 지금까지도 중립을 지키고 있다.

〈샌프란시스코 평화조약〉 초안의 법적 의미에 대하여

1969년 〈조약법에 관한 비엔나 협약〉 제32조는 해석의 보충적 수단으로서 다른 방법으로 해석한 결과 의미가 애매하거나 명백히 불투명한 경우 등에 '교섭기록'이나 체결 시의 사정에 의존할 수 있다고 규정했다. 이를 근거로 일부 학자들은 〈샌프란시스코 평화조약〉 초안들을 세밀하게 분석해서 〈샌프란시스코 평화조약〉이 독도를 일본령으로 보았다거나 한국령으로 보았다는 식의 결론을 내리기도 한다. 예컨대 츠카모토 타카시塚本孝와 같은 일본 학자들은 조약 초안을 근거로 〈샌프란시스코 평화조약〉이 독도를 일본령으로 보았다고 주장했다. 한국 학자들 중에서도 초안의 추이를 정밀하게 해석하여 〈샌프란시스코 평화조약〉이 독도를 일본령으로 보았다거나 한국령으로 보았다는 결론을 내리는 경우들이 있다.

그러나 초안은 초안일 뿐이다. 여기에 지나치게 과도한 의미를 부여해서는 안 된다고 본다. '교섭기록'은 그야말로 '교섭'에 활용된 기록을 말한다. 반면 앞의 연구들이 주목한 초안들은 대부분 미국이나 영국 등 한 당사국 내부의 초안일 뿐 교섭을 위한 기록이 아니다. 게다가 미국의 초안이라는 것도 그 용도와 성격이 제각기 다르다. 미 국무부 내부에서만 참고하기 위해 시험적으로 작성된 초안이 있는가 하면, 국무부가 다른 부처의 의견을 묻기 위해서 회람한 초안도 있고, 영국과 협의를 하기 위해 영국에게 제시한 초안도 있으며, 그 밖의 다른 나라들에게 의견을 묻기 위해 송부된 초안들도 있다. 이 중 미국 내부용으로 작성된 초안으로는 미국의 개별적 입장을 파악할 수 있을 뿐이지, 이를 근거로 49개국이 서명한 〈샌프란시스코 평화조약〉 전체의 의미를 해석하는 것은 그 정당성을 찾을 수 없는 일이다.

초안이 조약 해석의 근거가 되는 '교섭기록'에 해당하기 위해서는 적어도 다른 대다수 당사국에게 제시되어야 한다고 생각한다. 이런 관점에서 볼 때 영미합동초안이 도출된 이후 미국이 〈샌프란시스코 평화조약〉 체결 직전 당사국 대다수에게 보낸 일부 초안들 정도라면 '교섭기록'에 해당할 수도 있을 것이다. 그러나 이들 초안에는 독도에 대한 언급이 전혀 없기 때문에 이들 초안을 근거로 〈샌프란시스코 평화조약〉이 독도를 한국령 또는 일본령으로 보았다는 결론을 도출할 수는 없다.

특히 국제판례는 호주프 팩토리Chorzow Factory 사건과 부르키나파소/말리 사건 등에서 협상 중의 선언, 인정, 제안 등은 최종 합의에 이르지 못한 이상 조약 해석에 고려되지 않는다고 판시했다. 따라서 〈샌프란시스코 평화조약〉 초안들의 경우 설사 당사국들에게 제시되었다고 하더라도 최종 합의에 이르지 않은 이상, 일종의 제안 또는 선언에 불과한 것으로 〈샌프란시스코 평화조약〉 해석에 고려되기 어려울 수 있다.

기존에 독도 영유권을 설명한 상당수의 저서나 일부 논문에서는 〈샌프란시스코 평화조약〉 초안들에 대해 9차 또는 4차까지의 '차수'를 붙이고 있다. 예를 들어, 1~5차 〈샌프란시스코 평화조약〉 초안에는 독도가 한국령으로 기재되었는데, 6차 초안에서 일본령으로 변경 기재되었다가, 다시 7~9차 초안에서는 최종 조약문에서와 같이 독도에 대한 명시적 언급이 사라졌다는 식이다. 그러나 〈샌프란시스코 평화조약〉 초안들은 미국국립문서보관소에 현존하는 것만 해도 20여 개를 상회하며, 당시에는 존재했지만 현존하지 않는 것도 많을 수 있다. 그 초안에도 '몇 차'라는 기재가 없다. 어떤 초안은 날짜조차 없고 어떤 초안은 미완성이다. 그 성격이나 용도도 초안마다 다르다. 따라서 이들 초안들에 번호를 매기거나 병렬적으로 취급하는 것은 옳지 않다.

제6장

평화선 선포부터 한일회담까지

외교부 제공

평화선과 독도

일본이 아직도 항의하는 '이승만 라인'

2012년 8월 10일, 이명박 대통령이 우리나라 대통령으로서는 역사상 처음으로 독도를 전격 방문하자 일본은 이에 격렬하게 항의했다. 일본 정부는 이명박 대통령이 독도를 방문한 당일 무토 마사토시武藤正敏 주한대사를 본국으로 소환했다. 일주일 뒤인 같은 달 17일에는 노다 요시히코野田佳彦 일본 총리가 이 대통령의 독도 방문 등에 유감을 표하는 서한을 주일한국대사관에 전달했다. 이어서 21일에는 일본 정부가 우리나라 정부에게 독도 문제를 ICJInternational Court of Justice (국제사법재판소) 재판을 통해서 해결하자는 내용의 구술서를 공식적으로 전달했다.

노다 총리는 같은 달 24일 저녁 특별기자회견을 열었는데, 그 자리에서 그는 "영토주권을 지키기 위해 불퇴전의 각오로 임하겠다"는 등의 격한 언사들과 함께 "한국은 일방적으로 이승만 라인을 설치해 독도를 힘으로 불법 점거했다"고도 했다. 여기서 일본이 '이승만 라인'이라고 하는 것이 바로 우리나라에서 말하는 평화선이다.

이승만 대통령은 1952년 1월 18일 독도를 포함해 해상에 우리나라의 주권이 미치는 영역을 표시한 해양주권선을 선포했는데, 이를 일명 평화선이라고 한다. 그런데 평화선 선언을 보면 제목이나 본문 그 어디에도 '평화선'이라는 용어는 물론이고 '평화'라는 단어조차 없다. 그런데 이것이 왜 평화선이라고 불리게 되었을까? 이 선언의 정식 명칭은 상당히 긴 편이었기 때문에 선포 초기에는 '해양주권선 선언'이라고 호칭되었다. 이후 이에 대해 미국, 일본 등이 반발하자 우리나라 정부는 1953년 2월 8일 이 선언의 목적이 한일 양국의 평화 유지에 있다는 성명을 발표했는데, 이 무렵부터 '평화선'이라는 명칭이 국내에서 널리 사용되었다.

노다 총리의 발언에서 엿볼 수 있듯이 일본에서는 아직도 평화선 선포를 계기로 독도를 우리나라에게 물리적으로 빼앗겼다고 보고 있다. 평화선이 한일협정으로 소멸한 지 반세기가 지나가는데도 여전히 일본에게는 치명타로 여겨지는 것이다. 일본이 오늘날까지도 이처럼 평화선에 대해 불만을 표시하는 것으로 미루어 보면 평화선이 선언된 1951년 당시에 일본의 저항이 얼마나 거세었는지 짐작할 수 있을 것이다.

우리 정부가 평화선을 선포한 직후부터 한일 정부 사이에 수십 차례 독도 영유권에 대한 논쟁을 벌이는 외교문서가 오갔고 일본은 국제사법재판소에서 재판하자는 요구를 하기도 했다. 일본이 독도의 점유를 빼앗기 위해 물리적 조치를 취하기도 했다. 이러한 독도 영유권 논쟁은 1960년대까지 이어진 한일회담에서도 지속되었다. 다음으로는 평화선이 만들어진 경위부터 평화선 이후에 발생한 이러한 사정들을 상세히 설명하고자 한다.

상공부의 어업관할수역 추진

1876년 강화도조약 이후 조선 근해에서 어업을 하는 일본 어민들이 부쩍 늘어났다. 1895년 청일전쟁에서 승리하고 1900년대 초 동력선 개발에 성공하면서 일본의 원양어업이 비약적으로 발전했기 때문이다. 더구나 1910년 한일강제병합 이후에는 그 수가 더욱 폭증했다.

그러자 우리나라가 아무리 식민지라고는 해도 무분별한 남획이 계속되면 어족자원의 씨가 마를 수 있음을 우려한 일본 정부는 일본 어선의 우리나라 근해 어업을 규제하기 시작했다. 이에 따라 조선총독부는 1911년 일부 수역에 트롤어업금지수역을 설정했으며, 1929년에 이를 다시 한반도 주변 수역 전체로 확대했다. 당시의 트롤어업금지수역은 함경도로부터 시작해 동해의 울릉도와 남해의 제주도를 포함하고 서해를 지나 평안도까지 이어지는 선이었으나 이 선은 울릉도의 동단만을 지났을 뿐 독도는 포함하지 않았다.

해방 후에는 앞서 설명한 바와 같이 일본의 영역을 선으로 규정한 맥아더 라인이 기존 트롤어업금지수역의 기능을 대체했다.

1911년 조선총독부가 설정한 트롤어업금지수역

맥아더 라인에 따르면 일본의 선박 및 선원은 독도로부터 12해리 이내에 접근할 수 없었다. 그럼에도 일본 어선들은 아랑곳하지 않고 우리나라 근해에서 조업을 계속했다. 일본 어선들이 계속해서 맥아더 라인을 넘어와서 우리나라 근해에서 조업을 하는데도 연합국이나 일본 정부는 이를 제대로 막지 않았다. 이에 우리나라 정부가 직접 일본 어선을 나포했다가 연합국 최고사령부와 갈등을 빚기도 했다.

1950년 한국전쟁이 시작된 이후에는 우리나라 정부의 감시가 소홀해진 틈을 타서 일본 어선이 아무런 제한 없이 맥아더 라인을 넘어 우리나라 근해서 어획을 했다. 우리나라 정부가 이에 대해서 항의하면 연합국 총사령부는 평화조약이 체결되면 우리나라와 일본 간에 어업협정을 체결해 문제를 해결해야 한다고 권고할 뿐이었다. 하지만 당시는 국민들의 반일감정이 극에 달해 있었기 때문에 향후라도 일본과 교섭을 해서 이 문제를 해결한다는 것은 기대할 수가 없었다. 뿐만 아니라 일본의 어업이 훨씬 더 발전된 상황이었으므로 일본이 자발적으로 자신들에게 손해임이 분명한 어업협정을 체결할 리가 없었다. 이런 배경에서 상공부 수산국이 한반도 주변 바다에 일방적으로 어업관할수역을 설정하자는 주장을 제기하고 이를 추진하기 시작한 것이다.

당시 해양법상 영해가 3해리로 인정되었고 배타적 경제수역이라는 개념 자체가 존재하지 않았으므로 3해리의 영해 밖이기만

하면 원칙적으로 어느 나라의 어선도 어획을 할 수 있었다. 그럼에도 불구하고 상공부 수산국이 영해 밖으로 어업관할수역을 설정하면서 그 근거로 삼은 것은 크게 다음 두 가지였다.

첫째는 1945년 미국의 트루먼 선언 이후 중남미 여러 국가들이 대륙붕과 인접수역에 대해 일방적으로 권리가 있음을 선언한 사례들이다. 미국의 트루먼 대통령은 1945년 9월 28일 대륙붕의 천연자원이 미국의 관할권과 통제권하에 있으며, 미국 연안에 인접한 바다를 어업자원보존수역으로 지정한다고 선언했다. 그러자 멕시코, 파나마, 아르헨티나 등 중남미 국가들도 덩달아 대륙붕과 인접해역 등에 대한 권한을 행사하겠다는 선언을 했다.

둘째는 과거 일제가 한반도 연안 어족자원 보호를 위해 설치한 트롤어업금지수역이었다. 일본도 이러한 트롤어업금지수역을 설치한 바 있으므로 이 금지수역에 따라서 어업관할수역을 설정한다면 일본도 할 말이 없을 것이라고 본 것이다.

이에 상공부 수산국은 한국전쟁 중인 1950년 10월부터 한반도 주변 주요 어장을 포함할 수 있도록 어업관할수역 획선 작업을 시작했다. 일제가 만든 트롤어업금지수역선을 기반으로 하여 동해에서는 울릉도까지만 포함되었고 독도는 제외되었다. 상공부 수산국이 어업관할수역에 독도를 포함하지 않은 이유에 대해서 당시 실무를 담당했던 지철근은 독도가 우리나라 영토임을 잘 알고 있었지만 실제 주요 어장이 모두 이 수역 안에 포함되어 있었고,

1950년 상공부가 설정한 어업관할수역

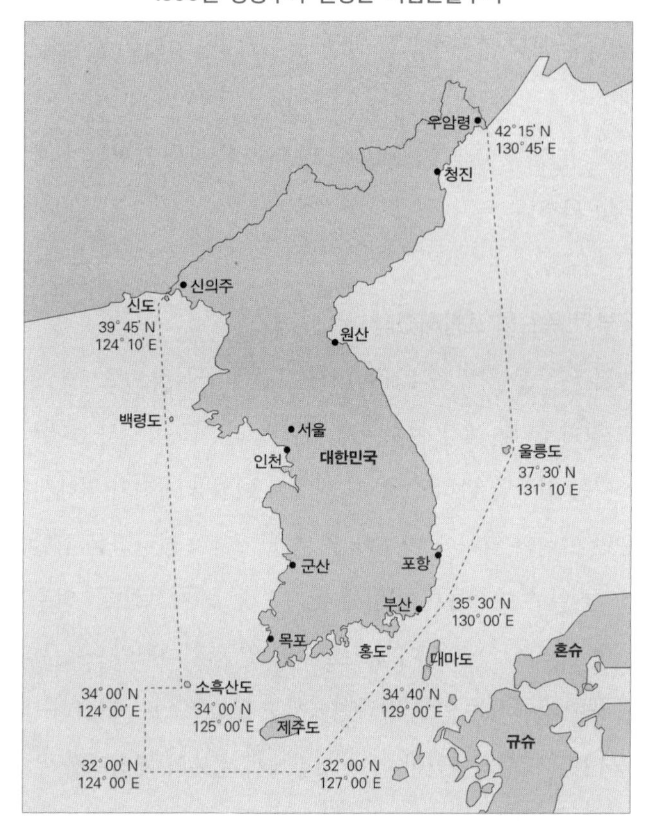

또한 일제가 만든 트롤어업금지수역선을 기준으로 삼아야 일본의 반발을 보다 효과적으로 막을 수 있으며, 독도를 포함해서 어업관할수역을 획정하면 연안으로부터 먼 곳은 약 200해리 정도나 되는데 이 경우 국제적인 비난이 더욱 커질 것을 걱정했기 때문이었다고 말한다.

외무부가 독도를 포함시켰다

임병직 외무부 장관은 1949년 6월 7일에 공식적으로 〈샌프란시스코 평화조약〉 체결 이후에도 맥아더 라인을 유지하는 것이 필요하다는 입장을 밝히면서, 그 이유로 어업을 지키기 위해서라는 점뿐만 아니라 역사에 비추어 볼 때 일본이 우리나라를 침탈하기 전에 늘 일본 어선들이 침범해 왔다는 점을 지적했다. 외무부는 맥아더 라인의 기능을 어업보호 외에 일본의 재침략으로부터 우리나라를 방어하는 안보적 측면에서도 보고 있었던 것이다. 일제가 물러간 지 불과 4년이 지난 시점에서 일본의 재침략을 우려하는 것은 당연했다.

그러나 1951년 2월 미국의 덜레스와 일본 수상 요시다의 회담 이후 〈샌프란시스코 평화조약〉이 체결될 경우 맥아더 라인이 폐지될 것이라는 관측이 확산되었다. 이에 당시 우리나라 정부는 맥아더 라인의 유지를 지속적으로 요구하면서도 맥아더 라인의 철폐를 대비해 일방적인 어업관할수역을 선포하고자 했다. 이에 따라 상공부가 1951년 6월 16일 어업관할수역안을 외무부에 제출한 것이다.

그러자 당시 외무부 정부국(국장 김동조)은 국제법을 연구한 결과, 어업관할수역이 '영해 3해리', '공해에서의 어업 자유'라는 국제 해양법 원칙에 배치되는 측면이 있다는 점을 인식하면서도, 당시는 트루먼 선언과 중남미 국가들의 잇따른 공해상 수역 선포 등으로 해양법 질서가 혼란에 빠져 있는 상태였으므로 이를 근거로 비판 논리에 대항할 수 있다고 판단했다. 외부무는 〈샌프란시스코 평화조약〉 조인식 이전에 어업관할수역을 선포한다는 목표 아래 8월 말과 9월 초의 10여 일 동안 해군 및 수산관계 전문가들의 도움을 받아 구체적인 획선을 실시했다.

이 과정에서 외무부 정무국은 앞으로의 영토문제를 고려해서 어업관할수역에 독도를 포함시켰다. 일각에서는 독도를 포함시키는 것이 어업관할수역 설정이라는 명분의 순수성을 희석시킨다는 취지로 반대했지만, 외무부 정무국은 독도를 어업관할수역 밖에 두면 대외적으로 자칫 독도가 우리나라 영토가 아니라는 그릇된 인식을 줄 수도 있고, 앞으로 한일 간에 야기될지 모를 독도 분규에 대비해 우리나라 주권행사의 선례를 남겨놓는 것이 반드시 필요하다고 보았다.

이러한 관측과 판단은 미래를 정확하게 예측한 것이었다. 해방 직후 우리나라가 행사한 대표적인 독도에 대한 주권행사 사례가 바로 평화선 선언이다. 만약 평화선이 독도를 제외한 채 선언되었다면 일본은 오늘날까지도 이 점을 들어서 〈샌프란시스코 평화조약〉이 독도를 일본령으로 보았다는 것을 우리나라도 묵인했다고 우겼을 가능성이 높다.

그런데 이 당시 외무부 정무국은 어떻게 독도 문제를 이처럼 중요하게 인식하고 있었던 것일까? 필자는 당시 정무국이 〈샌프란시스코 평화조약〉 업무와 관련해 독도 문제를 본격적으로 다루고 있었기 때문이라 추측한다. 앞서 소개한 〈샌프란시스코 평화조약〉에 우리나라 정부가 대응한 과정을 되돌아보자. 우리나라 정부가 미국으로부터 1951년 7월 3일 자 초안을 받아 본 후 이에 독도와 파랑도를 명기하는 것이 좋겠다고 판단해 이런 내용의 제 2차 답신서를 미국에 보내고 양유찬 대사가 덜레스 특사를 만난 것이 모두 1951년 7월에 있었던 일이다. 이어서 8월 1일에는 변영태 외무부 장관이 국내 기자회견을 통해서, 8월 2일에는 양유찬 주미대사가 미국 기자회견 자리에서 우리나라의 독도 영유권을 주장했다. 그리고 8월 10일에는 미 국무부로부터 러스크 서한이 발송되었다. 즉, 1951년 7~8월은 우리나라 정부에서 〈샌프란시스코 평화조약〉과 관련해 독도 문제가 가장 심각하게 제기되던 시점이다. 외무부 정무국이 어업관할수역에 독도를 포함시킨 것은 바로 이 8월 말과 9월 초 사이에 있었던 일이다. 국제법을 다루는 정무국이 〈샌프란시스코 평화조약〉 업무에도 관여했을 가능성이 높다. 당시 외무부 전체 직원은 30여 명 정도였으므로 정무국 직원 수는 이보다 더 적었을 것이고, 정무국에서는 두 업무를 연관해서 추진했을 것이다.

경무대(옛 청와대)가 평화선으로 성격을 전환

〈샌프란시스코 평화조약〉 조인식 전에 어업관할수역을 선포하기 위해 변영태 외무부 장관은 서둘러 '어업관할수역 선포에 관한 건'을 국무회의에 긴급 상정했고 9월 7일 제 98회 임시국무회의에서 안건이 통과되었다. 이날은 〈샌프란시스코 평화조약〉이 체결되기 바로 전날이었다.

그러나 이승만 대통령은 이 안건에 대해서 재가하지 않았다. 그 이유에 대해서는 여러 가지 설이 존재하는데, 대체로 어업관할수역을 설정하게 되면 맥아더 라인을 서둘러 포기하는 인상을 줄 뿐만 아니라, 당시의 국제법을 고려해 볼 때 일본뿐만 아니라 미국 등 많은 국가들의 반발을 초래할 것을 우려했다는 의견이 다수이다. 여기에 덧붙여서, 필자는 〈샌프란시스코 평화조약〉이 체결되기 직전에 우리나라가 독자적으로 어업관할수역을 선포하면 〈샌프란시스코 평화조약〉에 대해 일부 반기를 드는 모양새가 될 수 있고, 국제적 항의를 받을 수도 있는 어업관할수역을 이처럼 민감한 시점에 선포해 국제적 주목을 받으면 이로울 것이 없다고 판단했을 수도 있다고 생각한다.

이승만 대통령은 그로부터 4개월 뒤 경무대(옛 청와대)에서 직접 과거 어업관할수역보다 훨씬 더 강력하고 포괄적인 해양주권선을 선포했다. 1952년 1월 18일 '인접해양의 주권에 관한 대통령 선언'이라는 국무원 고시 제14호로 공포되어 효력을 발생한 것이다. 이것은 단순히 어업을 보호하는 어업관할수역을 선포한 것이 아니었다. 대륙붕과 해수 전체에 대해 주권을 행사하겠다는 취지가 담기고 국가방위의 목적도 있다는 점이 명시되는 등 훨씬 더 종합적이고 무게 있는 성격으로 변모한 것이다.

4개월 동안 대체 어떠한 상황 변화가 있었기에 이승만 대통령이 마음을 바꾸어 기존의 어업관할수역안보다 훨씬 더 강력한 평화선을 선포하게 된 것일까? 이에 대한 기존 추측들의 요지는, 당시 이 대통령은 미국이 우리나라의 요청을 거듭 거절하자 크게 실망했고, 그 무렵 개시된 한일예비회담에서 일본의 성의 없는 태도에도 분노했기 때문이라는 것이다.

그런데 이러한 이유들 외에 추가적으로 독도 영유권을 지키고자 하는 목적은 혹시 없었던 것일까. 신문 기사를 찾아보면, 당초 어업관할수역안에 대한 재가를 거부했던 1951년 9월 7일과 평화선을 선포한 1952년 1월 18일 사이에 독도와 관련해 다음과 같은 주요 사건들이 있었다.

1951년 10월 22일, 일본 중의원 평화조약 및 일미안전보장조약특별위원회 제6차 회의석상에서 시마네현 출신인 야마모토 도

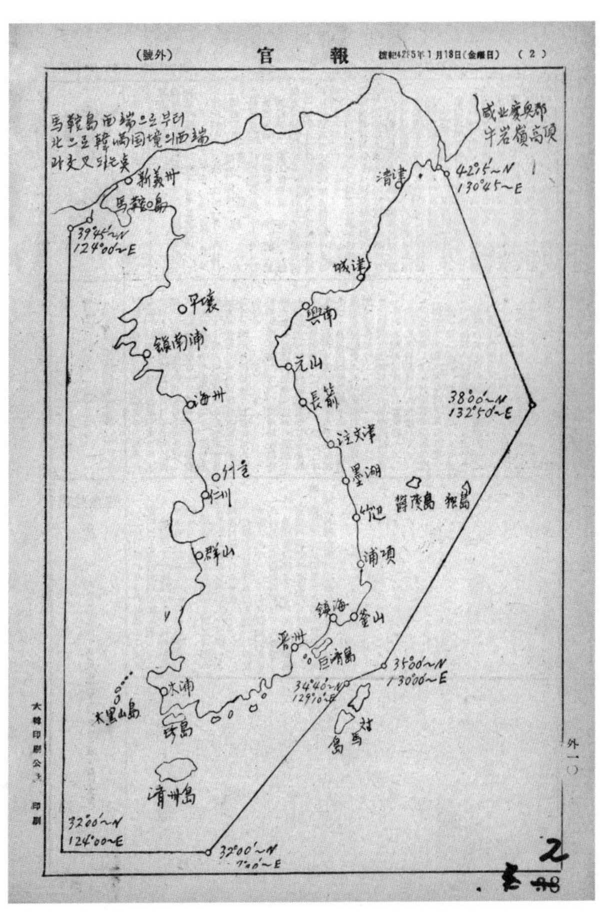

1952년 1월 18일 국무원 고시 제14호, '인접해양의 주권에 관한 대통령 선언'으로 선포된 일명 평화선

시나가山本利壽 의원이 당시 일본 정부가 국회의원들에게 배포한 '일본영역참고도日本領域參考圖'에 독도가 한국령으로 표기된 것을 보고 독도 영유권에 대해서 질문하자, 당시 외무성 정무차관은 "현재 점령하의 행정구획에서 죽도(독도)는 제외되어 있지만 이번의 평화조약에 있어서는 죽도는 일본에 들어온다고 하는데, 일본 영토라는 것은 분명히 확인된 것 같습니다"라고 답변했다.

1951년 11월 13일에는 〈아사히신문〉이 6명의 기자 등과 중앙 언론지로서는 최초로 독도를 답사한 이후 "일본에 돌아온 무인의 다케시마"라는 기사를 내보냈다. 이 기사는 즉각 〈동아일보〉 11월 26일 자에 보도되었다. 〈동아일보〉 도쿄특파원은 이날 기사에서, 엄연한 우리 대한민국의 영토 독도를 '다케시마'라고 칭하며 맥아더 사령부의 여행 수속도 받지 않고 특파원을 독도에 파견한 일 때문에 〈아사히신문〉이 당국의 조사를 받는 중이라고 보도했다.

이 사건들에서 볼 수 있듯이 이미 평화선 선포 전부터 한일 간에는 독도 영유권을 둘러싼 본격적인 싸움이 시작되고 있었다. 그리고 앞에서 설명한 바와 같이 그 무렵 영토분쟁에 관한 국제 판례는 영토의 귀속을 판단할 때 해당 국가가 해당 영토에 대해 주권행사를 한 실적을 중요한 기준으로 삼기 시작하고 있었기 때문에, 독도에 대해 주권을 선언한다는 취지의 평화선은 독도에 대한 전형적인 주권행사의 사례로 평가될 수 있었다. 이러한 사정들이 당시 평화선 탄생에 얼마나 영향을 미쳤는지는 지금으로서는 알 길이 없다. 다만 분명한 것은 평화선이 독도를 포함해서 선포됨으로써 그 직후부터 독도 영유권과 관련해 이 당시 예상했던 것보다 훨씬 큰 파장을 일으켰다는 것이다.

평화선 선언 이후

평화선이 선언되자 일본은 물론이고 다른 주변국들도 항의하기 시작했다. 일본은 우리나라 정부가 평화선을 선언한 지 열흘 만인 1952년 1월 28일 구상서를 보내서 평화선이 국제법상 공해자유의 원칙에 전적으로 배치되며 일본령인 독도를 포함하고 있다고 항의했다. 지금까지 이어지는 한일 간 독도 영유권 논쟁이 촉발된 순간이었다.

미국도 1952년 2월 11일 자 각서 제 167호를 통해 우리나라가 공해와 영공을 자국의 배타적 통제하에 두려는 것이 아니냐는 항의 의사를 전달했다. 1952년 6월 11일에는 대만이, 1953년 1월 11일에는 영국이 마찬가지로 항의를 했다.

그러나 우리나라 정부는 그에 아랑곳하지 않고 평화선을 고수했다. 〈샌프란시스코 평화조약〉이 1952년 4월 28일 발효되고 맥아더 라인이 폐지되자 일본 어선들은 우리나라 근해로 침투해 어업을 시작했다. 그러자 이승만 대통령은 1952년 7월 18일 평화선을 침범하는 외국 어선을 나포하라고 해군에게 지시했다. 이어서

1952년 10월 4일에는 평화선을 침범한 외국 선박과 선원을 심판하기 위해 대통령 긴급명령 제 12호로서 포획심판령을 제정하고 포획심판소와 고등포획심판소를 설치했다. 또한 평화선 선언을 실체법적으로 뒷받침하기 위해 1953년 12월 〈어업자원보호법〉을 제정했다.

이에 일본은 1952년 9월 20일 평화선 안쪽으로 ABC 라인이라는 일본 경비구역선을 설정하고 이 구역 내에서의 일본 어선 조업을 해상보안청 순시선이 보호하겠다고 발표했다. 그러나 일본의 ABC 라인은 1주일 후인 1952년 9월 26일 주한 UN군 사령부가 이른바 클라크 라인이라는 해상방위봉쇄선을 설정함으로써 유야무야되었다. 클라크 라인은 북한의 해상을 봉쇄하고 한국전쟁을 수행하기 위한 군사적 목적으로 설치되었지만 이 선을 넘는 모든 선박은 UN군 사령부의 허가를 받아야 했으므로 자연 일본 어선의 한반도 연안 출입이 통제되었다.

평화선의 국제법적 의미

해양법의 관점에서 볼 때 평화선이 선언될 당시에는 이에 대한 국제법적 근거가 존재했다고 보기는 어렵다. 이 때문에 지금까지 국내에서도 평화선에 대해 부정적인 평가를 하는 사람들이 있다. 그러나 정인섭 서울대 교수에 따르면 평화선에는 긍정적인 의의가 더 많다. 당시 이미 전통적인 3해리 영해를 중심으로 한 해양법 질서는 흔들리고 있었다. 1945년 미국의 트루먼 선언은 당시 해양법상 근거가 없는 것이었음에도 불구하고, 다른 나라들은 이를 반대하지 않고 오히려 이를 따라서 배타적인 해양 영역을 일방적으로 선포했다. 오늘날 국제해양법학계에서는 이 당시 이러한 일련의 상황을 위법한 것이라고 평가하기는커녕 오히려 새로운 국제관습법이 형성되는 전형적인 사례로 든다. 일본이 불법이며 일고의 가치가 없다고 비난한 배타적 어로수역 개념은 1960년대 이후 일반화되었고, 1982년 UN 해양법협약에 따라 배타적 경제수역이 정식으로 탄생했다. 이런 의미에서 평화선은 당시 우리나라 정부가 이러한 국제법의 새로운 흐름을 간파하고 외교와 정치에 활용한 의미 있는 사례라는 것이 정인섭 교수의 평가이다.

평화선은 독도 영유권에 있어서는 특별히 더 큰 의의를 가진다. 평화선 선언은 그 직후부터 일본이 10여 년에 걸쳐 격렬하게 항의함으로써 독도 문제가 양국 간에 국제법적으로 분쟁으로 평가될 수 있는 가능성을 여는 계기가 되기도 했다. 이와 관련해 평화선 선포 직후를 영토 분쟁에서의 이른바 결정적 시점으로 보는 견해들도 있다. 우리나라 정부의 입장은 독도 문제에 대해서는 분쟁 자체가 존재하지 않는다는 것이므로, 논리적으로 결정적 시점도 언급하지도 않는다. 그러나 설사 독도 문제에 대해서 분쟁이 있다고 볼 경우에도 과연 이때를 결정적 시점이라고 보아야 하는가에 대해서는 여러 가지 의견이 있을 수 있다. 결정적 시점을 과거로 거슬러 앞당길수록 1905년 시마네현 편입과 〈샌프란시스코 평화조약〉에 집중된 일본의 영유권 주장 근거를 배제하기 용이한 측면도 있다.

독도 영유권에 대한 평화선 선언의 가장 큰 의의는 해방 이후 이루어진 우리나라 정부의 독도에 대한 가장 명백하고 강력한 국가 주권행사라고 할 수 있다는 점이다. 이는 〈샌프란시스코 평화조약〉 체결 직후이자 발효 전에 이루어진 것으로서, 〈샌프란시스코 평화조약〉과 관련해서도 독도가 한국령이라는 것을 전 세계에 선포한 국제법상 단독행위이다. 팔마스 중재판정이 말하는 '주권현시'에 해당하는 행위인 것이다. 다만 다른 국가들이 즉시 이의를 제기했다는 점에서 '평화로운' 주권현시라고 보기는 어려운 측면이 있다.

미군 폭격연습장 지정과 독도

독도에 대한 주권행사 실적을 만들려는 일본의 의도

국제법이 영토귀속을 판단하는 데 있어서 '주권현시' 내지 주권행사 실적을 중시하는 입장을 견지하고, 우리나라 정부가 1952년 1월에 평화선을 선언함으로써 독도에 대한 주권행사를 하자, 일본은 자신들도 독도 영유권의 근거를 확보하기 위해 독도에 대한 여러 가지 주권행사 조치를 취하기 시작했다. 그중 하나가 일본 정부가 1952년 7월 26일 일본에 주둔하는 미군에 대한 사항을 결정하는 미일합동위원회를 열어서 독도를 주일미군이 사용하는 폭격연습장으로 지정한 것이다.

일본 정부가 독도를 폭격연습장으로 지정한 배경에는 독도에 대한 영토주권행사 근거를 마련하려는 의도가 있었다는 점은 그 이전에 열린 중의원 회의에서 확인된다. 1952년 5월 23일에 열린 제13회 중의원 외무위원회에서 시마네현의 야마모토 도시나가 의원이 "다케시마를 주둔군의 폭격연습지로 지정하는 것에 의해 일본의 영토권을 확보한다는 정치적 함의를 품고 있다고 생각하는데, 그렇습니까?"라고 묻자 이시하라 간이치로石原幹市郎 외무성 정무차관은 "그런 말과 같은 선에서 진행하고 있습니다"라고 대답한 것이다. 1953년 3월 5일 제 15회 참의원 외무 · 법무위원회 연합심사회에서도 시모다 다케조下田武三 외무성 조약국장은 이러한 조치를 취한 것이 "다케시마가 일본이 영유하고 있는 섬이라는 사실을 명확하게 법률적으로 뒷받침하는 근거"를 마련하기 위한 것이라고 시인한 바 있다.

일본은 독도를 주일미군의 폭격연습장으로 지정함으로써 독도에 대한 주권행사 실적을 확보할 뿐만 아니라, 〈샌프란시스코 평화조약〉 체결과정에서 미국이 독도를 일본령으로 보았다는 입장의 연장선상에서 평화조약 발효 후에도 미국이 독도를 계속해서 일본령으로 취급했다는 정황을 만들고자 한 것이다. 독도 영유권 문제에 있어서 미국을 일본 입장으로 개입시켜 놓음으로써 미국을 통해 우리나라를 압박하려고 한 것이다.

우리나라가 한국전쟁 중이던 와중에 일본은 한편으로는 1951년 10월부터 한국과 한일회담을 시도하면서도, 다른 한편으로는 이러한 작업을 추진했다. 한국 외무부 《독도문제개론》의 표현을 빌리자면 일본은 "불이 난 집에서 도둑질을 하듯이" 독도를 차지하려는 조치들을 해가고 있었다.

독도폭격사건의 재발

독도를 폭격연습장으로 지정한 것은 안전 측면에서도 문제가 있었다. 이미 1948년에도 미 공군이 독도를 폭격하는 바람에 15~16명의 무고한 어민이 사망하는 등 심각한 피해가 발생한 바 있었다. 때문에 우리나라 어민들이 독도에서 계속 조업을 한다는 사실을 잘 알고 있었을 것이면서도 우리나라에는 이를 사전에 통보하거나 폭격 관련 정보를 전혀 제공하지 않고 일본 어부들에게만 출어금지령을 내렸다. 이러한 상황에서 독도 인근에서 우리나라 어민들의 인명피해가 일어나는 것은 예정된 것이었다. 그 결과 1952년 9월에 있었던 미 공군의 독도폭격사건은 우리나라 어민들에게 큰 위협이 되었고, 국내 언론에 의해 대대적으로 보도되었다.

1952년 9월 15일 오전 11시 광영호가 해녀 14명과 선원 등 모두 23명을 태우고 소라와 전복을 따고 있을 때, 1대의 단발비행기가 나타나서 4발의 폭탄을 투하했다. 이 사건은 언론에도 크게 보도되었다. 십수 명의 목숨을 앗아간 1948년의 독도폭격사건으로 인한 상처의 기억 때문이다.

그로부터 이틀 뒤인 9월 17일, 한국산악회의 제 2차 독도조사대가 부산해사국 등대순항선인 205톤 진남호에 타고 이승만 대통령으로부터 특별 배급받은 석탄을 가득 실은 채 울릉도로 향했다. 이들은 이튿날 오전 울릉도 도동항에 도착해서야 사흘 전인 9월 15일 미군기로 추정되는 비행기가 독도 서도西島에 폭탄을 투하했다는 소식을 들었다. 조사대는 공군과 상공부에 연락해서

"독도는 미 공군의 폭격연습장이 아니다"는 회답을 받았다.

이에 울릉도에서 며칠 머문 조사대는 9월 22일 독도 진입을 시도했는데, 이때 주일 미 공군의 연녹색 쌍발전투기 4대가 날아와서 독도를 향해 폭격연습을 실시하기 시작했다. 진남호가 멈추면 폭격도 멎고, 독도 쪽으로 전진하면 다시 심하게 폭격했다.

할 수 없이 조사대는 독도 상륙을 24일로 연기해서 재차 시도했다. 그러나 이번에도 주일 미 공군기 2~4대가 날아와서 약 10발의 폭탄을 투하했다. 독도에는 조사대보다 2시간 앞서 도착한 광영호가 해녀 등 21명을 태우고 있었으니 자칫했다가는 큰 인명 피해가 날 수도 있는 상황이었다. 이 폭격 때문에 조사대는 독도를 약 1킬로미터 앞두고 되돌아와야 했다.

조사대는 미 공군의 폭격을 일본 측의 사주에 의한 것으로 추정했다. 1948년 당시 독도폭격사건이 발생해 한국 어민들 십수 명이 사망했을 때 주한미군 당국은 진상조사를 실시한 후 독도에 대한 폭격연습을 일체 중지하겠다고 발표한 바 있었기 때문이다. 그럼에도 불구하고 이를 잘 모르는 주일 미 공군이 독도에서 폭격연습을 한 것은 일본의 개입이 있었다고 본 것이다.

우리나라 정부의 대응

우리나라 외무부는 1952년 11월 10일 주한미국대사관에 이런 불상사가 재발하지 않도록 정식으로 항의했다. 주한미국대사관은

UN군 사령관 클라크Mark Wayne Clark 장군에게 이 항의서한을 전달하면서 폭격중단을 요청했다. 이를 계기로 주한미국대사관은 독도 영유권에 대해서 어떤 입장을 취해야 할 것인가를 두고 본국 국무부와 함께 고민하기 시작했다.

주한미국대사관은 1952년 12월 4일 한국의 항의서한에 대해 답변했다. 그 내용은 독도폭격사건은 이미 오래된 일이어서 조사가 불가능하고, 독도에 대한 폭격은 중단할 예정이며, 독도에 대한 미국의 입장은 1951년 8월 10일의 러스크 서한에 진술되어 있다는 것이었다. 이에 우리나라 외무부는 러스크 서한을 직접 받았던 주미한국대사관에게 러스크 서한의 사본을 요청한다.

극동군사령부는 1952년 12월 18일 자로 독도에 대한 폭격장 사용을 중단하고 이 사실을 1953년 1월경 한국 정부에 알렸다. 이후 1953년 3월 19일 제 45차 미일합동위원회에서는 독도를 폭격연습장 명단에서 삭제하도록 결정했고 이를 일본 외무성이 1953년 5월 14일 고시했다.

여기서 국제법적으로 의미 있는 부분은 미국이 폭격을 중단한 것은 우리나라의 요청에 따른 것이고, 당시 미국은 일본이 아닌 한국 정부에 독도 폭격을 중단하겠다는 통보를 했다는 점이다. 이것은 독도의 영유권이 한국에게 있다는 것을 전제로 행해진 미국 정부의 공적 행위라고도 볼 수 있다.

이에 일본은 당황했다. 일본의 독도 영유권 근거를 만들기 위해서 그동안 독도를 폭격연습장으로 지정하는 등 여러 조치를 했는데, 뜻밖에도 미국이 한국의 요청을 받고 폭격연습을 중단한 후 이를 일본이 아닌 한국에 공식적으로 통보를 하는 바람에 오히려 이는 한국의 영유권 근거로 사용되게 생겼으니, 다 된 밥에 코가 빠진 격이었다. 일본 정부는 1953년 3월 5일 주일미국대사관을 찾아가서 왜 일본과 상의 없이 폭격연습장 사용을 중단했으며 게다가 그것을 왜 한국에게 통보했는가에 대해서 거세게 항의했다. 1953년 11월 중의원 외무위원회에서는 가와카미 칸이치川上貫一 중의원이 "이런 사실이 어째서 한국에 먼저 통고되어야 하는 것인가?"라고 한탄했다.

당시 우리나라 외무부의 항의 조치는 적절한 것이었다. 만약 우리나라 정부가 주일미군이 독도를 폭격연습장으로 사용하고 있다는 사실을 알면서도 장기간 묵인했다면 이는 독도가 일본령이라는 상당한 근거가 되었을 수 있다.

독도 폭격연습장 해제와 관련해 문서조사작업을 벌이던 주한미국대사관은 흥미로운 사실을 하나 발견하게 된다. 1951년 6월 20일 미8군이 한국 정부에게 독도를 24시간 훈련용 폭격연습장으로 사용할 수 있도록 요청하고 우리나라 정부가 7월 1일 이를 승낙한 것이다.

당시 미8군 부사령관 존 B. 콜터 중장은 장면 국무총리에게 "공군은 리앙쿠르암 폭격연습장을 24시간 훈련용으로 사용하는

데 대한 허가를 요청했습니다. 공군은 15일 전에 통보해 사람과 선박의 해당지역 출입을 금지할 계획입니다. 상기한 바를 허가하신다면 가능한 한 빨리 통보해 주시겠습니까?"라는 내용의 서신을 보냈다. 이에 대해 한국 정부는 7월 7일 "7월 1일 국무총리실에 문의한 결과 공군의 사용요청에 대해 국방장관과 국무총리가 승인했으며, 문제의 지역이 내무부 소관이기에 내무부 장관에게 회부되었음이 밝혀졌음(후략)"이라고 답변했다.

이 서신을 보면 당시 우리나라 정부는 독도를 내무부 소관으로 관리하고 있었다는 것을 알 수 있다. 게다가 미군은 독도를 폭격연습장으로 사용하도록 해줄 것을 한국 정부에게 공식적으로 요청했는데, 이는 미국이 독도를 한국령으로 보고 있었다는 것을 반영한 것이라고 해석할 여지도 있다.

1952년 독도를 주일 미 공군의 폭격연습장으로 지정한 사실을 자국 독도 영유권의 중요한 근거로 내세우는 일본이 1951년 미군이 우리나라 정부에게 독도의 폭격연습장 사용을 요청하고 우리나라 정부가 이를 허가한 사정을 어떻게 평가할 것인지 궁금하다. 특히 1951년 한국의 폭격연습장 사용 허가는 일본이 이의를 제기한 바 없는 '평화로운' 주권행사이므로 더더욱 의미가 크다. 이는 1952년 일본의 독도 폭격연습장 지정에 대해 우리나라 정부가 곧바로 항의함으로써 '평화로운' 주권행사를 허용하지 않았던 점과 대조를 이룬다.

독도를 둘러싼 물리적 공방

일본의 독도 상륙

1953년 4월 15일 제 2차 한일회담이 열렸으나 평화선 문제와 재일교포 강제퇴거 문제 등으로 7월 23일에 다시 결렬되었다. 그리고 같은 해 10월 6일 제 3차 한일회담이 재개되었으나 일본 측 수석대표 구보타 간이치로久保田貴一郎가 "일본의 한국 식민통치가 한민족에게 은혜를 주었다"는 등의 망언을 하는 바람에 10월 21일 또다시 결렬되었다. 이후 1957년 말에 제 4차 회담이 열릴 때까지 한일회담은 장기간 중단되었다.

이러한 와중에도 일본은 계속해서 독도에 대한 주권행사 실적을 만들고자 했다. 이번에는 공무원들이 독도에 상륙해 국가권력을 행사했다는 증거를 남기려고 했다. 우리 측 기록에 남아 있는 일본의 첫 독도 침입은 1953년 5월 28일에 있었다. 이날 오전 11시경 일본 시마네현 수산시험장 수산시험선인 63톤급 시마네마루島根丸호가 선원 30명을 태우고 독도 앞바다에 나타나서 그중 6명이 상륙했다. 당시 독도에는 한국인 어부 30여 명이 10척의 어선에 나누어 타고 어로행위를 하고 있었다. 일본인들은 울릉도

주민인 김준현에게 질문을 해보았지만 언어가 통하지 않자 그에게 일본 잡지 1권과 담배 3갑을 주고는 오후 1시에 물러갔다.

한 달 뒤인 1953년 6월 22일 일본 외무성은 주일한국대표부에 독도가 일본령이므로 우리나라 어민들이 자국의 영토에 침범하지 않도록 조치를 취해 달라는 내용의 구상서를 보냈다. 이에 대해서 한국 측은 3일 뒤인 6월 26일 독도는 한국령이므로 한국 어민들의 어로행위에 대해서 일본이 항의할 근거가 없다고 반박했다.

1953년 6월 25일 오후 4시 반 일본 수산시험장 소속으로 보이는 목조선이 미국기를 게양한 채 독도에 접근해서 그중 9명의 선원이 독도에 상륙했다. 이들은 6명의 한국인들에게 왜 독도에 있는지를 묻고 한국 어부와 독도조난어민위령비를 촬영한 후 오후 7시에 떠났다.

1953년 6월 27일에는 일본 함정 2척이 미국기를 게양하고 접근했다. 일본 시마네현청, 국립경찰시마네현본부, 법무성입국관리국 관리 30여 명이 권총과 사진기 등을 휴대하고 독도에 침입했다. 이들은 사전에 제작한 표주標柱 2개와 게시판 2개를 독도에 설치했다. 표주 2개에는 앞뒤에 검은 글씨로 "日本 島根縣隱地郡 五箇村 竹島"(일본 시마네현 오치군 고카무라 다케시마)라고 표기되어 있었다. 소나무로 만든 마름모꼴 게시판 2개의 앞면에는 "주의. 일본국민 및 정당한 수속을 거친 외국인 이외는 일본정부의 허가 없이 영해(도서연안 3리) 내에 들어감을 금함"이라는 글이, 뒷면에는 "주의. 다케시마(연안도서를 포함)의 주위 5백 미터 이내는 제 1종 공동어업권〔海藻 具類〕이 설정되어 있으므로 무단 채포採捕를 금함. 시마네현"이라는 글이 기재되어 있었다. 이들은 이 2개의 표주와 게시판을 독도조난어민위령비를 중심으로 동서남북의 네 방향으로 포위하듯 설치했다. 이때 1947년에 조선산악회가 설치한 한국령 표목을 제거하고 독도조난어민위령비도 파괴한 것으로 보인다. 이들은 한국인 어부들에게 "본 섬은 일본의 영토이니 차후에는 본 도에 침범작업을 하면 일본 경찰에게 인치당한다"고 위협하기도 했다.

일본 정부가 이러한 조치들을 취한 이유도 역시 독도에 대한 주권행사 실적을 만들기 위해서였다. 시마네현 소속 경찰이나 시마네현청 관헌뿐만 아니라 국립경찰이나 법무성 관리 등 중앙관리들까지 굳이 독도 상륙에 참가시킨 것도 일본 정부 차원에서의 주권행사라는 점을 인정받기 위한 의도였다. 일본이 설치한 표주에 기재한 '정당한 수속을 거친 외국인', '일본 정부의 허가', '영해', '공동어업권', '무단 채포를 금함'과 같은 용어들도 주권행사의 핵심인 국가권력의 행사임을 표현하는 용어들이었다.

이 밖에도 일본 국회 보고에 따르면 일본해상보안청은 6월 26일, 7월 1일, 2일, 6일, 9일에 걸쳐서 연달아 독도에 순시선을 파견했다. 당시 우리나라 어민들은 모두 독도를 떠난 상태였기 때문에 우리나라 측은 이 사실을 알지 못했다.

우리나라의 대응

일본의 거듭된 독도 침입으로 한국 여론은 격앙되었다. 해방된 지 불과 8년밖에 지나지 않은 상황인 데다가 한국전쟁으로 온 나라가 큰 고통을 겪고 있는 마당에 일본이 독도를 침범하니 격분하지 않을 수 없었다. 당시 〈동아일보〉는 일본의 행위를 놓고 "화재 터의 좀도적"같다고 표현할 정도였다.

이에 1953년 7월 6일부터 국회 외무위원회에서 독도 문제가 다루어졌다. 국회는 7월 8일 '독도침해사건에 관한 대정부건의안'을 채택했다. 그 내용은 정부가 대한민국의 주권과 평화선 침해를 방지하기 위한 적극적인 조치를 취하고 독도에 대해 유사한 불법침해가 재발되지 않도록 일본 정부에 엄중 항의할 것을 건의하는 것이었다. 7월 10일에는 경상북도 의회도 대통령에게 독도 수호를 위한 적극적인 조치를 건의했다.

그러자 정부는 7월 8일 외무부, 국방부, 법제처, 내무부, 해군 등 관계자들로 구성된 '독도 문제에 관한 관계관 연석회의'를 소집해 독도에 등대를 설치하고, 해군 함정을 파견하며, 해군수로부의 측량표를 설치하고, 독도에 관한 역사적·지리학적 조사를 하는 등의 종합대책을 마련했다.

이에 따라 국방부는 7월 8일 일본인의 독도 상륙 및 일본령 표목 건립사건과 관련한 현지조사를 실시하기 위해서 해군 군함 1척을 독도 근해에 파견해 1주일 동안 초계활동을 벌이도록 했다.

해군 함정의 독도 파견은 외신을 통해 보도되기도 했다. 이미 경상북도 경찰은 7월 1일 일본이 독도에 설치한 2개의 표목과 2개의 게시판을 철거한 상태였다. 외무부, 교통부, 내무부, 국방부 등은 독도에 등대와 측량표를 설치하기 시작했다. 이러한 한국 정부의 일련의 조치들은 국제법적으로 주권행사에 해당한다.

1953년 7월 11일 울릉도경찰서는 김진성 경위, 최헌식 경사, 최룡득 순경 등 3명을 독도에 한시적으로 파견했다. 우리나라 외교문서에 이들은 '순라반巡邏班'(순찰반이라는 의미)으로 칭해진다. 이들에게는 경기관총 2문이 주어졌다.

이들이 독도에 도착한 바로 다음 날인 7월 12일, 마침 일본 순시선이 침입을 시도했다. 새벽 5시경 순시선이 독도에 도착하자 최헌식 경사는 배를 검문하고는 일본 순시선 책임자에게 독도가 한국령이라고 하면서 울릉경찰서까지 동행할 것을 요구했다. 그러자 일본 책임자는 "한일회담에서 독도에 대한 결정이 있기 전까지 어느 쪽에 속한다고 할 수 없다"고 하면서 동행을 거부했다. 결국 일본 선박은 도주했고 우리 경찰은 경기관총으로 위협 발포를 했다. 이 사건은 일본 〈요미우리신문〉에도 보도되었다.

이후에도 일본은 8월 3일, 8월 7일, 8월 11일, 8월 23일, 8월 31일, 9월 17일, 9월 23일, 10월 6일, 10월 21일 독도에 불법 상륙하거나 독도 해역에 침입했다. 이 중에서 표주와 관련한 일지만 추려본다.

1953년 한국산악회 회원들이 독도에 세운 표석.
원래 설치예정일이었던 1952년 8월 15일이 새겨져 있다.
대한민국역사박물관 현대사아카이브 제공

8월 7일 일본 측이 다시 불법 상륙해서 일본령 표주를 재건했다. 그러자 울릉경찰서가 9월 17~18일 사이에 이를 철거했다. 일본 관리들은 10월 6일 또다시 표주를 설치했다. 1953년 10월 15일 홍종인을 단장으로 한 38명의 조사대가 독도를 방문했다. 이들은 1952년에 설치하려다가 주일미군의 독도 폭격으로 인해 설치하지 못했던 표석을 세웠다. 이 표석에는 원래 설치예정일인 1952년 8월 15일이 새겨져 있었기 때문에, 옆면에 설치 당일인 1953년 10월 15일을 덧붙여 새겼다. 일본은 10월 21일 이 표석을 또다시 철거하고, 10월 23일 4번째 일본령 표주를 설치했다.

이를 마지막으로 일본의 독도 침범은 중단되었다. 계절풍의 영향으로 풍랑이 거세어져서 우리나라나 일본 측 모두 독도에 상륙하는 것이 어려워졌기 때문이다. 같은 이유로 일본의 이 표주는 이듬해인 1954년 5월경에야 철거되었다. 독도에서 이렇게 빈번하게 양국의 표주가 변경된 것은 당시 일본의 독도 침략과 우리나라의 방어가 얼마나 격렬했는지를 단적으로 보여 준다.

우리나라 경찰의 독도 상주

1954년 봄이 되자 일본 측의 독도 불법 침범은 재개되었다. 3월 23일, 5월 3일, 5월 23일, 5월 24일, 5월 29일, 6월 15일, 6월 28일 등에 일본 선박들이 독도에 상륙하거나 독도 해역을 침범했다.

1954년 6~7월에 이르러 독도 문제를 둘러싼 한일의 대응 수준은 한층 더 고조되어 새로운 국면에 접어들었다. 내무부가 6월 일본의 침략으로부터 독도를 지키기 위해 독도경비대를 파견했기 때문이다.

이에 대해 일본 외무차관은 이는 '시위운동 · 실력행사 · 침략'이라며 강하게 반발했다. 이어서 그는 6월 22일 자국 기자회견에서 "한국의 독도경비대 파견은 침략과 같은 것으로 국민의 격분한 기분을 잘 알고 있다. 그러나 우리 측이 무력으로 이 문제를 해결하는 것은 헌법 제 9조 위반이기 때문에 어디까지나 모든 수단을 강구해 외교적 해결을 하려고 한다"고 밝혔다. 여기서 언급된 헌법 제 9조는 일본의 교전권을 부인한 이른바 평화헌법이라고 불리는 것이다.

그러면서도 일본은 바로 다음 달인 7월 자위대법을 제정해 육상 · 해상 · 항공자위대를 출범시켰다. 이 때문에 일본이 독도를 침범하면서 소동을 일으킨 것이 재무장을 하기 위한 구실이라는 관측이 제기되었다. 이 당시 독도에서 한일의 물리적 충돌은 우리나라 경찰과 해군의 강력한 대응을 초래했으며, 일본 언론과 보안청은 이를 일본 재무장의 구실로 활용했다. 독도에서 한일 충돌이 격화되기 시작한 직후인 1953년 9월에 이미 일본보안청은 육상부대 21만 명, 함대 14만 5천 톤, 항공기 1,400대를 양성한다는 방위4개년계획을 수립해 놓은 상태였다.

우리나라 정부는 이에 아랑곳하지 않고 1954년 8월 독도에 높이 약 6미터의 철골조립 등대를 설치하고 이를 미국, 영국, 프랑스, 필리핀, 로마교황청 등에 통보했다. 로마교황청은 축하인사를 회신했으며, 이 항로 표식은 미국 수로지에도 등재되었다. 우리나라는 9월 등대 설치 사실을 일본에도 통보했는데, 일본은 이를 승인할 수 없다는 항의서를 보냈다. 우리나라는 8월 경비용 초소와 무선통신시설도 설치했다. 9월에는 독도 우표를 발행했고, 우리나라의 독도 영유권 주장을 종합적으로 기술한 1954년 9월 25일 자 각서를 일본에 보냈다.

이런 상황에서도 일본은 8월 23일 순시선을 또다시 독도에 침투시켰다. 우리나라 경비대가 정지신호를 했지만 일본 순시선은 계속해서 독도에 접근했고 우리나라 관리들은 독도 수호를 위해 위협발포를 했다. 이에 일본 순시선도 발포하면서 도주했다. 이 총격전은 주한외교사절을 통해 급속히 퍼져나갔다. 이러한 총격전 직후인 8월 31일 우리나라 정부는 국무회의에서 "무슨 일이 있어도 일본의 침략으로부터 독도를 지키기 위해" 독도에 경찰을 상주시키기로 결의했다. 이에 따라 독도에 경찰을 파견해 오늘에 이르고 있다.

독도에 경찰을 상주시킨 것은 독도 문제에 있어서 전략적으로나 법률적으로나 우리나라의 우위를 굳혀 버린 획기적인 조치였다. 반대로 당시 이러한 조치를 일본이 먼저 취했고 지금까지도 일본이 독도에 경찰을 주둔시킨다고 생각해 보면 이 당시 조치로

독도에 상주해 있는 경북지방경찰청 독도경비대 건물
대한민국역사박물관 현대사아카이브 제공

우리나라가 독도 문제에 있어서 얼마나 우월한 지위를 점하게 되었는지 쉽게 이해할 수 있다.

먼저 우리나라가 독도에 경찰을 상시 주둔시키는 바람에 일본은 더 이상 독도에 상륙할 수 없게 되었다. 독도에 관헌을 잠입시키고 표주를 설치하는 등의 방식으로라도 주권행사 실적을 쌓고자 했던 일본의 책략은 완전히 봉쇄되어 버린 것이다.

반면 우리나라는 경찰 주둔을 통해서 독도에 대한 강력한 주권현시를 하게 되었다. 일본으로서는 이에 대해 지속적으로 이의를 제기하고 항의를 하지 않으면 설사 과거에 독도가 일본령이었다고 하더라도 우리나라에게 빼앗길 수 있는 불안정한 지위에 놓이게 되었다. 이 때문에 일본은 이 직후부터 오늘날까지 수십 년 동안 우리나라 정부를 상대로 독도가 일본령이며 우리가 독도를 불법점거하고 있다는 취지의 문서를 송부하거나 정부 관리가 그러한 주장을 반복하는 것이다.

한일 정부 간 왕복문서 공방

우리나라 정부가 평화선을 선언한 지 열흘 만인 1952년 1월 28일, 일본은 구상서를 통해 평화선이 국제법상 공해자유의 원칙에 전적으로 배치되며 일본령인 독도를 포함하고 있다고 항의했다. 아울러 일본은 독도가 일본령임에 의문의 여지가 없고 한국이 이전에 권리를 주장한 바를 알지 못한다고 주장했다.

이에 우리나라 정부는 1952년 2월 12일 수십 세기 동안 한국의 영토였던 독도에 대한 일본의 점유권 주장에 일일이 논박하고 싶지 않으며, 단지 독도를 일본령에서 제외한 스카핀 제677조와 맥아더 라인을 상기시키고 싶다고 했다.

이에 대해서 일본은 1952년 4월 25일 또다시 반박을 했다. 스카핀과 맥아더 라인의 각 제6항에서 이것이 연합국의 최종적 결정이 아니라고 규정했으며, 일본 정부가 조사한 결과 독도가 수십 세기 동안 한국령이라는 주장은 근거가 없다는 것이다.

이어서 지속된 양국의 공방은 점차 그 내용이 방대해졌고, 장시간에 걸친 연구를 통해 각기 독도 영유권이 자국에게 있음을 장문의 각서로 주장하게 되었다. 일본 외무성의 장문의 각서는 모두 4건으로, 1953년 7월 13일 자, 1954년 2월 10일 자, 1956년 9월 20일 자, 1962년 7월 13일 자 각서가 이에 해당한다. 한국 외무부의 장문의 각서는 3건으로, 1953년 9월 9일 자, 1954년 9월 25일 자, 1959년 1월 7일 자 각서가 이에 해당한다.

이때 주장된 내용들은 오늘날까지도 양국 독도 영유권 주장의 기본을 이루고 있다. 이 당시 오간 내용을 모두 소개하기 위해서는 역사적으로나 국제법적으로 방대한 설명을 필요로 하며, 이지상 논쟁은 뒤로 갈수록 기존 주장에 대한 반박과 재반박이 거듭되어 쟁점이 중복되면서 지엽적인 내용으로 흐르는 경향이 있다. 때문에 여기서는 중복되는 부분은 생략하고 중요한 주장들만 추려서 간략하게 소개한다.

일본의 1953년 7월 13일 자 각서

- 과거 울릉도쟁계鬱陵島爭界 당시에 문제가 되었던 섬은 울릉도였을 뿐 독도가 아니었으며, 고대의 기록이나 지도를 볼 때 독도는 일본령이었다.
- 국제법상 영유권을 인정받기 위해서는 영유 의사와 실효적 지배가 있어야 한다. 일본은 1905년 독도를 편입한 이후 제 2차 세계대전이 끝날 때까지 독도를 실효적으로 지배했고, 독도 영유권에 대해 다른 나라로부터 이의를 제기받은 바 없다.
- 스카핀 677호나 이른바 맥아더 라인은 연합국이 일본 영토를

최종적으로 확정하는 것이 아니다.

- 〈샌프란시스코 평화조약〉 제 2조는 한일합방의 시점에 한국에게 속해 있던 영토를 일본이 반환한다는 것이지 한일합방 전부터 일본의 영토였던 독도까지 반환한다는 의미는 아니고, 〈샌프란시스코 평화조약〉의 주요 서명국인 미국도 이를 당연하게 받아들여 왔다.
- 이를 전제로 1952년 7월 26일에는 독도가 주일미군 폭격연습장으로 지정되었다.

한국의 1953년 9월 9일 자 각서

- 독도는 고대에 우산도于山島, 삼봉도三峯島로 불리던 섬으로 《세종실록世宗實錄》, 《동국여지승람東國與地勝覽》, 《숙종실록肅宗實錄》 등에서 그 근거를 찾을 수 있다.
- 1906년에는 울릉도 군수인 심흥택이 1905년 일본의 독도 편입을 보고하는 등 1910년 일본의 한국 강제병합 직전까지 한국이 독도를 관리했다.
- 독도는 지리적으로 오키섬보다 울릉도에 가깝다.
- 1904년 이미 〈한일의정서〉와 〈한일협약〉이 체결되어 한국은 일본 고문의 의견에 따라야만 했고, 일본은 한국 영토를 마음대로 점령할 수 있었다.
- 일본은 1905년 국제법상 무주지 선점을 근거로 독도를 편입했

으나 독도는 무주지가 아니라 한국의 영토였다. 편입 고시도 도적질하듯이 몰래 했다.

- 〈샌프란시스코 평화조약〉이 스카핀 제 677호 내용을 변경하지 않았으므로, 이는 연합군 최고사령관의 처분을 확인한 것이다.
- 독도가 주일미군 폭격연습장으로 지정된 데 대해 한국이 항의하자 미군이 한국 정부에게 독도가 폭격연습장에서 제외되었다는 사실을 통지했다.

일본의 1954년 2월 10일 자 각서

- 한국의 고대 문서에서 우산도는 오늘날의 울릉도를 가리키는 것이고, 독도는 울릉도의 속도가 아니다.
- 《숙종실록》의 안용복 이야기는 허구이다.
- 한국이 독도 영유권의 근거로 든 나카이 요자부로에 관한 기록, 히바타 세이코의 논설, 《조선수로지》 등 일본 문헌들은 편집자가 오해한 것이다.
- 스카핀과 〈샌프란시스코 평화조약〉은 무관하다.
- 1904년 한일의정서와 〈한일협약〉에 따라 임명된 고문은 일본인이 아니라 미국인 '스티븐스'였다. 한일의정서상 일본이 한국 영토를 사용할 수 있다는 조항은 러일전쟁과 관련해 잠시 적용되는 것이므로 독도와는 무관하다.
- 개국 이전의 일본에는 국제법이 적용될 수 없으므로, 일본이 어

떤 영토를 자신의 영토라고 생각하고 그렇게 취급하면 영유권을 가졌다고 볼 수 있는데, 《은주시청합기》 등 일본의 고문헌이나 지도를 보면 일본인들이 고대부터 독도를 이용했음을 알 수 있으므로, 일본은 고대부터 독도에 대한 영유권을 가진다.

- 일본이 1905년 독도를 편입하고 이를 고시한 것은 당시 일본의 선점 관행에 따른 것으로 일본이 선점한 다른 섬들의 경우와 마찬가지 방식에 따른 것이지, 비밀리에 고시한 것이 아니다.
- 이후 일본은 1905년 독도를 정부 소유로 토지대장에 기재했고, 1941년까지 독도에서의 강치어업을 허가하는 등 실효적 지배를 했다.

한국의 1954년 9월 25일 자 각서

- 우산도는 독도이며, 안용복 이야기는 허구가 아니다.
- 일본이 자신에게 불리한 자료들을 모두 편찬자의 오해라고 주장하는 것은 양해하기 곤란하다.
- 스티븐스는 미국인이기는 하지만 실제로 일본의 앞잡이였다.
- 한일의정서에 '잠시'라는 용어가 있으나 사실상 영구적인 침략이었다.
- 일본이 주장하는 고대 사실들은 독도를 지배한 것이라 볼 수 없다. 17세기 오야大谷甚吉와 무라카와村川市兵衛 가문이 발급받은 도해면허는 일종의 외국무역 허가증이다.

• 1905년 독도 편입은 불법이었다.

일본의 1956년 9월 20일 자 각서

• 영유권을 결정하는 기본적인 요소들은 두 국가 중 어느 쪽이 먼저 독도를 인지했는가, 자국 영토의 일부로 간주했는가, 관리를 했는가, 근대국제법상 영토취득의 요건을 갖추었는가이다.
• 한국은 고대에 독도를 제대로 인지하지 못했다. 한국의 역사 기록상의 우산도는 울릉도를 가리킨다. 반면 일본에는 독도가 1004년부터 '우르마섬'이라는 이름으로 알려졌다. 일본인들은 1379년부터 독도를 방문했고, 1618년 이래 일본의 오야와 무라카와 두 가문이 면허를 얻어 울릉도를 이용했다.
• 한국은 독도를 인식하지 못했으므로 당연히 독도를 한국 영토의 일부라고 생각할 수 없었다. 반면 일본은 오야나 무라카와 가문에 울릉도를 배타적으로 사용할 권한을 부여했으므로 울릉도로 가는 길목에 있던 독도를 일본 영토의 일부로 인지했다는 것은 말할 필요도 없다.
• 한국은 고대에 독도를 인지하지 못했으므로 당연히 독도를 관리했다는 증거도 있을 수 없다. 조선은 공도정책 이후 울릉도에 정기적으로 관리를 파견했으나, 이는 공도정책을 집행하기 위한 것일 뿐이었다. 반면 일본은 울릉도 어업에 대한 도해면허를 발급하는 등으로 관리해 왔고, 울릉도쟁계 이후에는 독도

를 제외한 울릉도에 대해서만 도해금지를 명했다.

- 1905년 편입에 대해서도 무효 사유가 없고 편입 이후로 일본이 행정적 지배를 해왔으며, 국제법상 영유권 취득의 요건을 갖추었다.

한국의 1959년 1월 7일 자 각서

- 한국은 고대로부터 울릉도와 독도를 구분해서 인식했다.
- 《은주시청합기》에도 일본의 한계는 오키섬으로 되어 있다.
- 일본의 무주지 선점과 고유영토설은 모순이다.
- 1905년 편입은 비밀리에 이루어진 것이고 이해관계국인 한국에 통고도 되지 않았으므로, 국제법적으로 무효이다.
- 카이로 선언, 포츠담 선언, 스카핀 제677호, 〈샌프란시스코 평화조약〉에 이르는 일련의 국제문서의 취지에 따르면 독도는 한국령으로 인정되었다.

일본의 1962년 7월 13일 자 각서

- 국제법상 가장 결정적인 영유권 판단기준은 실효적 지배이다.
- 일본은 독도에 대한 정확한 지식과 인식을 바탕으로 고대부터 실효적 지배를 해왔고, 이런 배경에서 일본이 1905년 독도를 편입한 것이다. 그러나 한국은 그렇지 못하다.
- 안용복의 진술은 믿을 수 없다.

- 과거 일본의 울릉도, 독도에 대한 명칭 혼동은 일본의 독도 영유권 주장에 아무런 영향이 없다.
- 1905년 편입은 비밀리에 이루어진 것이 아니라 공개적으로, 관례에 따라 이루어진 것이며, 이웃 국가에 대한 통고는 국제법상 선점의 요건이 아니다.
- 카이로 선언, 스카핀 제677호, 〈샌프란시스코 평화조약〉의 취지를 고려할 때 독도는 일본령으로 확인되었다.

위와 같이 평화선 선언 이후 한일 양국은 독도 영유권을 놓고 치열한 지상논쟁을 벌였다. 이 당시 주고받은 각서에 등장한 내용은 오늘날까지도 양국 독도 영유권 주장의 핵심을 이룬다.

독도를 1877년에는 한국령으로 보았고 1905년 편입 시에는 무주지로 보았던 일본은 이때부터는 독도가 고대부터 일본령이었다고 주장하기 시작했다. 그러면서도 일본은 대부분의 영유권 근거를 '선점', '식민지 지배기간 중 실효적 지배', 〈샌프란시스코 평화조약〉, '주일미군 폭격연습장 지정' 등 1905년 편입 이후 자신들이 국제법을 고려해 의도적으로 조성한 사정들에 의존했다.

일본의 국제사법재판소행 제안

일본 정부는 1954년 9월 25일 주일한국대표부 김용식 공사에게 국제사법재판소에서 독도 영유권을 판단받을 것을 제안했다. 우리나라 경찰이 독도에 주둔함으로써 우리나라가 사실상 독도를 차지하게 되고, 평화헌법 때문에 무력을 사용해서 빼앗을 수도 없으니, 재판 외에는 달리 생각해 볼 수단이 없었던 것이다. 일본은 우리나라가 독도를 점유한 상황에서 시간이 지날수록 재판에서 되도록 현재 상황을 유지함으로써 법적 안정성을 지키려는 경향이 작동해 자신들에게 불리해질 것을 우려해 조기에 재판으로 승부를 보려고 했던 것 같다.

그러나 주일한국대표부는 9월 27일 일본의 제안을 거부하는 각서를 일본 외무성에 전달했다. 우리나라 외무부는 9월 28일 "독도는 역사적으로 한국령이며 국제법정에 제소한다는 일본 측 제안은 완전 비상식이다. 헤이그 국제법정은 이 문제와는 아무 관계도 없다"고 하면서 "만일 어떤 나라가 가고시마鹿兒島를 그의 영토라고 하여 ICJ에 제소하면 일본은 이에 응할 것인가? 수백 년 전부터 독도는 우리나라의 영토이다. 독도가 우리나라에 귀속되어 있는 점은 역사가 증명하는 바이며 점유 이후 금일까지 우리 어민이 이를 계속해 이용하고 있다"고 설명했다.

국내 재판의 경우에는 원고가 소송을 제기하면 피고는 반드시 이에 응해야 하지만, 국제 재판의 경우에는 당사국들 모두가 재판을 받는 데 응하지 않으면 국제재판소의 관할권이 성립하지 않는다. 주권평등의 원칙 때문에 국가는 원칙적으로 스스로가 동의하지 않은 일에 구속당하지 않기 때문이다.

우리나라가 국제사법재판소행을 거절하자 일본은 미국에게 UN 안전보장이사회에 독도 문제를 상정해 달라고 요청했다. 이는 과거 UN 안전보장이사회가 이른바 콜퓨 사건의 ICJ행을 권고한 적이 있었기 때문으로 보인다. 1946년 영국 군함이 알바니아 콜퓨해협에서 기뢰 폭발로 침몰한 적이 있는데, 이 사건에 대해 UN 안전보장이사회가 영국과 알바니아 측에 ICJ에서 해결할 것을 권고했고, 결국 이에 따라 두 나라는 ICJ 재판을 하게 되었다. 일본은 이 사건을 고려해 UN 안전보장이사회가 ICJ행을 권고할 것으로 보고 독도 문제를 UN 안전보장이사회에 상정하려 했던 것이다.

그러나 미국은 세계평화에 영향을 미칠 정도의 중대한 분쟁이 될 수 없는 작은 문제를 한국 정부가 반대하는 상황 속에서 UN 안전보장이사회에 상정하는 것은 곤란하다며 이를 거절했다. UN 헌장 제33조에 따르면 ① 분쟁이 존재하고, ② 그것이 국제평화를 위태롭게 할 우려가 있는 경우에 UN 회원국은 재판 등으로 그 분쟁을 해결해야 하는 의무를 지닌다. 일본이 오늘날 독도 문제를 국제분쟁화하려는 이유에는 언젠가 UN에서 이 문제가 다루어지기를 희망하는 것도 없지 않을 것이다.

이후에도 일본은 1954년 10월 2일, 11월 21일 등에 지속적으로 순시선을 타고 독도로 접근해서 물리적 위협을 가했다. 이에 경찰은 총, 포, 박격포, 기관총 등을 발사해 이를 강력하게 물리

쳤다. 또한 경찰은 나무를 놓고 천막을 둘둘 말아서 대포로 보이게 만든 것을 설치하기도 했는데 일본은 이를 육군의 포로 오인하기도 했다. 이에 일본 정부는 우리나라 정부에 항의를 하고 독도 분쟁을 UN에 제소할 것을 고려하고 있다고 밝히기도 했다. 그러나 일본은 이 이후부터는 더 이상 독도 상륙이나 인접수역 접근을 시도하지 못했다.

1958년에는 한동안 중단되었던 한일회담이 재개되었다. 당초 일본은 한일회담과 독도 문제를 별개로 진행하기로 했다. 그러나 1962년 일본은 갑자기 ICJ행을 강력하게 요구하기 시작했다. 이것은 일본인인 다나카 코타로田中耕太郎가 1961년 ICJ 재판관으로 임명된 것과 무관하지 않아 보인다.

1962년 3월 고사카 젠타로小坂善太郎 외상은 한일회담 자리에서 최덕신 장관에게 공식적으로 독도 문제를 ICJ에 제소하자고 제안했다. 이어서 같은 해 10월에는 이케다 하야토池田勇人 총리가 김종필 중앙정보부장을 만난 자리에서 한일 국교정상화가 이루어질 때 독도 문제는 반드시 타결되어야 하는 절대적 조건이라고 설명했다.

이른바 오히라·김 메모로 대일청구권 문제가 합의된 직후인 같은 해 11월 12일에는 오히라 외상이 김종필에게 국교정상화 때 독도 문제를 타결할 수 없다면 국교정상화 직후에는 반드시 독도 문제를 ICJ에 제소한다는 약속을 해달라고 요구했다. 이에 김종

필은 독도 문제를 제3국의 조정에 맡길 것을 제안했다. 조정은 재판이나 중재와 달리 그 결정에 법적 구속력이 없는 것이다.

그해 12월 일본은 한일회담 예비교섭 자리에서 또다시 ICJ행을 요구했다. 한일 간 모든 현안을 일괄 타결해야 한다는 것이다. 한국은 제3국 조정은 일본 측 사정을 최대한 고려한 것으로 더 이상 양보할 수 없다고 했다. 한국은 내부적으로 ICJ에 제소할 경우 ICJ에 일본인 재판관이 있어 불리한 면이 있고, ICJ에 제소하면 판결 전에 한국이 독도에 설치한 시설과 경비대를 철수해야 할 가능성도 있으며, 북한이 이해관계국으로 재판에 참가할 가능성도 있다는 분석을 하고 있었다.

우리나라가 국제사법재판소 재판에 응하지 말아야 하는 이유

독도를 점유하고 있는 우리나라의 입장에서는 국제사법재판소에서 재판을 받을 이유가 없다. 재판이라는 것은 기본적으로 자신의 것을 타인이 가지고 있을 때 이를 빼앗으려고 하는 것이기 때문이다. 우리나라 입장에서는 이겨야 본전이고, 일본의 입장에서는 져도 본전인 소송을 우리가 할 이유가 없는 것이다.

재판에서 언제나 정의로운 결론이 도출된다는 법도 없다. 재판은 스포츠 게임과 같은 성격이 있기 때문에 소송 수행자의 능력이나 불의의 변수에 따라서 진실과 다른 결과가 도출되기도 한다. 따라서 승률이 아무리 높다고 하더라도 100퍼센트 승소라는 것은 보장할 수 없고, 그렇다면 굳이 미미하더라도 패소의 위험을 부담할 필요가 없다. 국제재판은 항소심도 존재하지 않으므로 오류가 생긴 경우 시정할 수도 없다.

국제법 자체의 한계도 어느 정도 의식하지 않을 수 없다. 서구 열강 중심으로 발전되어 온 국제법은 여전히 제국주의 시대의 다른 나라에 대한 침탈이나 식민지 지배를 합법이라고 정당화하는 부분이 크다.

더욱이 일본은 국제사법재판소에 많은 영향력을 미치고 있다. 일본은 ICJ에 가장 많은 기부금을 내고 있으며, 지난 50년 동안 꾸준히 자국 출신의 재판관을 두고 있다. 반면 우리나라는 지금까지 국제사법재판소 재판관을 한 명도 배출하지 못했다. 이런 재판소에서 재판을 하자는 것은 그 자체로 중립적이지도, 정의롭지도 않다.

그럼에도 일본이 국제사법재판소 행을 때때로 주장하는 것은 재판 외에는 우리에게서 독도를 빼앗을 방법이 없기 때문이다. 반대로 우리나라의 입장에서는 재판에 응해서 오판이 나오지 않는 이상 독도를 빼앗길 가능성이 희박하다.

한일회담과 독도

1964년에 들어서 일본은 독도 문제가 해결될 전망이 없으면 당시 추진 중이던 한일회담을 성사시키지 않을 방침임을 천명했다. 그러나 ICJ행에 대해서는 우리나라가 강경하게 반대하자 일본은 다른 방법들을 모색하기 시작했다.

1965년 6월부터는 양국 간에 분쟁해결에 관한 교환공문 교섭을 시작했다. 이는 양국 간에 분쟁이 발생했을 때 어떻게 처리할 것인가에 관한 것으로, 독도 문제를 분쟁으로 보았을 때 적용될 가능성이 있는 문서였다.

당초 일본이 제시한 안은 이 조약의 적용대상이 되는 분쟁에 독도 문제를 명시하고, 분쟁이 합의로 해결되지 않을 때에는 '중재'로 해결한다는 내용이었다. 중재는 양측이 선임한 중재인들이 재판을 하지만, 조정과는 달리 그 결정에 법적 구속력이 있는 것이다. 이에 반해 우리나라의 입장은 조약에 '독도'를 언급하지 않고, 조약의 대상이 되는 분쟁에 대해서도 '생기는'이라는 수식어를 추가해 '생기는 분쟁'이라고 언급함으로써 향후 발생하는 분쟁만을 대상으로 하며, 중재 대신 조정만을 분쟁해결 수단으로 두

자는 것이었다.

양측은 그야말로 한 치의 양보도 없는 줄다리기를 계속했다. 당시 박정희 대통령은 우리나라 대표단과의 전화통화에서 이 문제가 우리나라 정부의 운명에 관계되는 중요한 문제이므로 우리나라가 수락할 수 있는 해결책이 없다면 한일회담을 중단해도 좋다고까지 하면서, '생기는'을 삽입하고 '독도'와 '중재'를 넣지 말 것을 강하게 요구했다.

한일협정 조인식이 예정된 1965년 6월 22일을 불과 몇 시간 앞둔 시점까지도 이동원 외무부 장관과 일본의 사토 에이사쿠佐藤榮作 총리 사이의 줄다리기는 계속되었다. 그러다 마침내 조인식을 25분 남겨둔 시점에 극적으로 합의에 성공했다. 그것은 우리나라가 요구하던 '생기는'을 삽입하지 않는 대신 일본이 요구하던 '독도'와 '중재'를 넣지 않고, 조정만을 분쟁해결 수단으로 남겨두는 것이었다. 이후 우리나라는 이 분쟁해결에 관한 교환공문은 독도 문제를 대상으로 하지 않는다는 입장이고, 일본은 독도 문제까지 포함한다는 입장을 취하게 되었다.

오늘날까지의 독도

한일협정 체결 이후 한동안 독도 문제는 양국 국민들 사이에서는 비교적 잠잠했다. 그러나 그 기간에도 일본 외무성은 지속적으로 독도가 일본령이라는 내용의 문서를 우리나라 정부로 보냈다. 이는 앞서 설명한 대로 일본 입장에서는 가만히 있으면 국제법에 따라 독도에 대한 영유권을 완전히 상실해 버릴 수 있기 때문이다.

그러나 1977년 후쿠다 다케오福田赳夫 총리가 독도가 일본 영토라는 발언을 하면서 우리나라 내에서 일본에 대한 분노가 분출되었다. 이어서 1984년에는 아베 신타로安倍晋太郎 외상이, 1986년에는 구라나리 다다시倉成正 외상이 독도가 일본 영토라고 주장했고, 그때마다 우리나라 여론은 분노했다. 그러나 이와 관련해 양국 정부 간에 직접적인 마찰은 별로 없는 편이었다. 일본은 독도 문제를 정부 간 회담의제로 올리려고 했지만 우리나라는 이를 의제로 올리는 것조차 거부해 왔기 때문이다.

그러다 1996년 우리나라가 독도에 접안시설 공사를 착공한 것을 계기로 일본은 전례 없이 전면적으로 독도 영유권을 주장하고 나섰다. 당시 연립 여당은 정부에게 우리나라의 접안시설 공사에

독도 선착장의 모습 대한민국역사박물관 현대사아카이브 제공

적극 대처하라고 요구했고, 자민당이 총선 공약으로 우리나라에 독도 영유권을 주장한다는 것을 내걸었으며, 하시모토 류타로橋本龍太郎 총리 역시 독도가 일본령임을 주장했다. 같은 해 독도를 일본령으로 표기한 지도를 실은 일부 일본 교과서가 정부 검증을 통과하기도 했다.

1998년 무렵에는 신한일어업협정이 체결되었는데 여기서 독도와 주변수역이 중간수역으로 표시되었다. 이에 대해 독도 영유권과는 무관하다는 정부 입장과는 달리 일각에서는 이로써 독도 영유권이 침해당했다고 주장하는 경우도 있었다.

이후부터는 거의 해마다 일본의 총리, 지사를 비롯한 유력 인사들이 독도가 일본령임을 주장했다. 2005년에는 시마네현 의회가 독도를 편입한 2월 22일을 다케시마의 날로 지정했다.

2006년부터는 일본 정부가 학생들의 교과서에 독도가 일본령임을 명기하고 이를 지도할 것을 단계적으로 요구하기 시작했다. 자국 학생들에게 독도가 일본령이며 이를 우리나라가 불법점거하고 있다고 교육한다는 것은 독도 문제를 정부 간 문제에서 양국 국민 간 문제로, 현 세대 간 갈등에서 미래 세대 간 갈등으로 확대하는 것이었다.

일본의 독도 도발이 상시화됨에 따라 우리 정부는 2010년경부터 '차분하고 단호한 외교'라는 투트랙 정책을 거쳐 2011년에는 보다 강력한 '엄중하고 단호한 대응'으로 방향을 틀었다. 2012년에는 이명박 대통령이 독도를 방문했고 이에 대응해 일본은 독도 문제의 ICJ행을 제안한 바 있다. 그 이후부터 지금까지는 독도와 관련하여 한일 간에 여러 가지 문제가 없지는 않았지만 2012년만큼 오로지 독도 문제만으로 한일 갈등을 고조시킨 사건은 없었다. 그것은 독도 문제보다 더 근본적인 문제가 한일관계에 파문을 일으켰기 때문이다.

2011년에는 위안부 문제를 해결하지 않고 있는 정부의 부작위가 위헌이라는 헌법재판소 결정이 나왔고, 2012년에는 일본 정부와 기업의 손해배상 책임을 인정한 대법원 판결이 나왔다. 이들 판결을 계기로 1965년 한일청구권협정을 체결하면서 그 이전의 모든 문제가 해결되었다고 보는 일본의 입장과 반인도적 불법 행위는 청구권협정으로 해결될 수 없다는 우리나라의 입장 차이가 불거졌다. 이러한 입장 차이는 1965년 한일협정으로 구축된 체제의 근본적 전제에 대한 이견인 만큼 좀처럼 좁혀질 기미를 보이지 않았고, 그 이후 한일관계는 사상 최악으로 냉각되었다.

한편 그 와중에도 일본은 지속적으로 학생들이 보는 교과서들 중 독도가 일본 영토라는 기술을 포함시킨 경우를 확대시켜 나갔고, 2021년에는 마침내 거의 대부분의 학생용 교과서가 독도가 일본의 영토라고 소개하게 되었다. 이러한 사실은 한일 간의 독도 분쟁이 양국 미래 세대 간에도 계속될 수밖에 없다는 점을 가리킨다.

제7장

앞으로의 독도

외교부 제공

독도 동도의 모습. 선착장과 등대, 성화채화대 등에서
우리나라 '주권행사'의 흔적을 확인할 수 있다.
대한민국역사박물관 현대사아카이브 제공

유감스럽지만 앞으로도 일본은 독도 영유권 주장을 계속할 것으로 예상된다. 정치적으로는 일본이 불안정해지고 여유가 없어질수록 일본의 주요 정치인이나 관료가 독도 문제 등을 부각시키면서 내셔널리즘을 부추길 가능성이 높아진다. 법률적으로도 일본은 가만히 있으면 우리나라의 독도에 대한 주권행사를 묵인하는 셈이 되어서 나중에는 다시는 독도 영유권을 주장해 볼 수조차 없게 되므로, 우리나라의 독도 점유에 대해서 끊임없이 이의를 제기해야 하는 입장이다. 우리나라의 입장에서는 일본의 독도 영유권 주장이 매우 불쾌하고 화가 나는 일이지만 그렇다고 해서 주권평등의 원칙이 지배하는 국제사회에서 일본이 그런 주장조차 못하게 막는 방법은 찾기 어려운 것이 현실이다. 영토는 그 어느 나라의 정권도 쉽게 포기할 수 없는 민감한 문제이고, 이는 일본의 정권도 마찬가지이다.

그러나 다행히 독도를 점유하고 있는 우리나라는 매우 유리한 입장에 있다. 이 상태로 시간이 많이 흐르면 법적 안정성의 측면에서 우리나라는 보다 유리해지고 일본은 초조해진다. 앞서 말했지만 일본이 독도를 빼앗을 수 있는 방법은 전쟁 외에는, 비록 가능성은 낮지만 국제재판에서 승소하는 길밖에 없다. 이 때문에 일본은 ICJ행을 계속 주장하는 것이다.

반대로 뒤집어 보면 우리나라의 입장에서는 역시 가능성은 낮지만 국제재판에서 패소하는 상황만 겪지 않으면 독도를 빼앗기지 않는다. 그리고 국제재판은 우리나라가 응하지 않으면 열리지 않는다. 따라서 우리나라는 국제재판에 응하지만 않으면 독도를 빼앗기고 싶어도 빼앗길 수가 없다.

이런 사정을 잘 아는 우리나라 정부는 절대로 국제재판에 응하지 않는다. 다만 희박하나마 완전히 무시할 수 없는 가능성은 우리나라 정부가 재판에 응할 수밖에 없는 상황이 조성되는 것이다. 이러한 상황으로 가장 우려되는 부분은 그 어떤 대외 변수보다도 국내 여론이다. 우리 사회가 민주화되면서 정부는 여론에 매우 민감해졌다. 정부의 입장에서는 국익에 반한다는 것을 알면서도 다수의 국민이 원할 경우 그것을 따르지 않을 수 없게 되었다. 우리나라 국민들은 그동안 일본에게 받은 상처와 실망 때문에 일본과 관련된 문제에 대해서는 때로 매우 흥분하기도 한다. 이러한 사정을 잘 아는 일본은 의도적으로 우리나라 여론을 끊임없이 자극한다. 이러한 상황 속에서 한일 간의 갈등이 고조되다 보면 우리나라 여론이 일본의 도발을 더 이상 참지 못하겠다면서 재판으로 끝장을 보자는 식의 지혜롭지 못한 판단을 하게 될 가능성도 배제할 수 없다.

상당수 우리나라 사람들은 일본이 다른 나라에 독도가 일본 땅이라고 홍보한다는 소식을 들을 때마다 마치 당장 독도를 일본에 빼앗기기라도 할 것처럼 불안해한다. 그러나 이러한 홍보의 주된 목적은 세계 사람들이 독도가 일본 땅이라고 믿게 하는 데 있지 않다.

독도가 일본 땅이라고 홍보한다고 해서 세계 여론이 독도를 일본 땅이라고 쉽게 믿지는 않는다. 영토 분쟁에 대해서 세계 여론은 그렇게 쉽게 한쪽으로 기울어지지 않는다. 세계에는 현재도 수십 개의 영토 분쟁이 진행 중이다. 대부분 세계 사람들은 다른 나라의 영토 분쟁에 대해서 별 관심이 없다. 우리도 대부분 이란과 UAE 사이에, 터키와 그리스 사이에, 베트남과 중국 사이에 섬 영유권 분쟁이 있다는 사실조차 잘 모르고, 그런 분쟁이 있다는 말을 들어도 그 섬이 누구 섬인지 알아보려고 하지도 않을 것이다. 알아보려고 한다 해도 영토 문제는 법률적으로 매우 복잡해서 전문가조차도 오랜 시간을 공부해도 명확한 답을 얻기 어려울 때가 많다. 물론 잠깐의 홍보로 어느 한쪽의 영토라고 믿는 사람도 있을 수는 있겠지만, 그 정도로 단순한 사람은 다른 나라가 같은 정도의 홍보를 하면 이번에는 그쪽을 믿게 될 것이다. 게다가 어떤 나라의 국민들이 독도가 일본 땅이라고 믿는다고 해서 그 나라 정부가 독도가 일본 땅이라는 공식 입장을 취해서 우리나라를 적으로 돌릴 가능성도 희박하다.

보다 근본적인 사실은 영토 문제는 세계 여론이 아니라 법적으로 결정되는 문제라는 점이다. 국제법상 각 주권국가는 무엇이 법에 부합하는지 스스로 판단할 수 있으므로, 우리나라가 독도를 한국령이라고 판단하면 그것으로 족하지, 다른 나라의 지지를 받을 필요가 없다. UN 총회에서 전 세계 국가들이 모여 투표를 해서 독도를 한국 땅이라고 투표한 국가 수가 반수가 넘으면 비로소 우리 땅이 되는 것이 아니다. 전 세계 사람들에게 설문조사를 해서 독도가 일본 땅이라고 믿는 사람들이 90% 이상이면 독도가 일본 땅이 되는 것도 아니다. 만약 그것이 사실이라면 세계 모든 영토의 주인이 끊임없이 바뀌는 불안정한 상황이 초래되었을 것이다. 이처럼 큰 효과가 없기 때문에 전 세계에 수십 개의 영토 분쟁이 있는데도 불구하고 어떤 땅이 자기 땅이라고 세계적으로 홍보하는 나라를 찾아보기 어려운 것이다.

그렇다면 일본은 독도는 일본 땅이라는 홍보를 통해서 무엇을 노리는 것일까? 그것은 독도를 분쟁지역화해서 우리나라를 재판으로 끌어내는 것이다. 세계 사람들이 독도가 일본 땅이라고 믿게 만드는 것은 어렵지만, 그들이 독도를 분쟁 지역이라고 믿게 만드는 것은 상대적으로 쉽다. 일본의 목표는 세계 사람들이 독도를 둘러싼 분쟁이 있을 뿐만 아니라, 그 분쟁이 매우 심각해서 국제평화를 위협할 정도라고 믿게 하는 것이다. 분쟁이 국제평화를 위협할 경우에는 UN 헌장에 의해서 회원국들은 그 분쟁을 재판 등을 통해서 해결해야 할 의무가 발생하기도 하고 UN 안보리가 재판 회부를 권고하는 결정을 내리기도 한다. 한일 간의 대결 국면이 강하게 조성되면 우리나라 내에서도 흥분해 재판을 하자는 여론이 조성될 수도 있다. 일본은 바로 이러한 효과들을 종합적으로 노리는 것이다. 우리나라도 흥분하면서 일차원적 맞대응을 하면 일본에게는 이러한 목표 달성이 훨씬 쉬워진다.

앞으로 독도가 어떤 모습이 될 것인지는 일본의 이러한 전략에 다수의 우리 국민들이 어떻게 대응할 것인가에 달려 있다. 일본에 대한 분노로 인해 촉발된 행동이라고 해서 반드시 애국이 보장되는 것은 아니다. 반일감정에 기반한 적대적이고 감정적인 접근만으로는 한일관계의 미래는 없다. 별다른 이익도 없이 반일감정을 지나치게 발산하는 것은 우리나라에게도 실리적으로 손해가 될 수 있다. 이웃 사람은 이사를 감으로써 바꿀 수 있어도 이웃 국가는 바꿀 수 없다. 우리가 일본과의 관계에서 진정으로 과거사를 극복하는 방법은 일본을 훌쩍 뛰어넘는 좋은 나라, 좋은 사회가 되는 것이다. 그 목표를 위해서 필요하다면 일본과의 관계를 최대한 활용해야 한다. 과거의 앙금이 있어서 미운, 그러나 내쫓을 수는 없어서 오랜 시간 같이 지내야 하는 직장 동료를 대하는 가장 지혜로운 방법과 같다. 지금처럼 그저 선악이라는 도덕적 프레임에 서로를 가두어 놓고 분노의 화염방사기를 최대 출력으로 방사하는 방법으로는 어떠한 과거 문제도 해결하지 못하며, 평화롭고 발전적인 미래를 열지도 못한다. 주체할 수 없는 감정이 아닌 국제법적 전문성에 바탕을 둔 지혜가 필요하다.

참고문헌

이 책은 대한민국역사박물관 한국현대사 교양총서 중 3번째 책으로 출간된 필자의 《국제법과 함께 읽는 독도현대사》(나남, 2013)를 기본 틀로 삼고 전면 확대 및 개정한 것이다.

이 책에 언급된 주요 역사적 사실관계들 중에서 제 3장의 1905년 일본의 독도 편입부터 1906년 심흥택 울릉군수의 조치를 전후한 사정에 대해서는 울릉도와 독도 역사에 관하여 우리나라에서 가장 권위 있는 역사학자인 송병기 선생의 저서 《울릉도와 독도, 그 역사적 검증》(역사공간, 2010)을 주로 인용하였다. 제 4, 5장에 소개되는 해방 직후부터 샌프란시스코 평화조약의 사정에 대해서는 가장 치밀하고 풍부하게 연구해 온 정병준 교수의 저서 《독도 1947》(돌베개, 2010)을 주로 인용하였다.

서양의 국제법이 중국, 일본을 거쳐 구한말 우리나라에 전래된 상황에 관한 제 1장 내용은 김용구, 《만국공법》(소화, 2014); 정인섭, 《생활 속의 국제법 읽기》(일조각, 2012)의 해당 내용을 인용하였다. 제6장의 평화선에 관한 사정에 대해서는 당시 수산국에 실제로 근무했던 지철근의 《평화선》(범우사, 1979)과 정인섭 교수님의 "1952년 평화선 선언과 해양법의 발전"(〈서울국제법연구〉 제13권 2호, 2006)을 근거로 삼았다. 또한 제6장의 한일회담 당시의 독도를 둘러싼 사실관계는 조윤수의 "한일회담과 독도"(〈영토해양연구〉 제4호, 2012)를 참조하였다. 그 밖에 한일 간 왕복문서에 대해서는 당시 외교부에서 만든 자료와 공문을 직접 참고하였다.

그 밖에 독도 영유권을 둘러싼 국제법적 논의는 이한기, 《한국의 영토: 영토취득에 관한 국제법적 연구》(서울대학교출판부, 1969)를 비롯하여 박관숙, "獨島의 法的 地位에 관한 硏究"(박사학위논문, 연세대학교, 1968); 백충현, "國際法上으로 본 獨島硏究"(〈獨島硏究〉, 韓國近代史料硏究協議會, 1985); 김명기, "對日講和條約 第2條에 관한 硏究"(〈국제법학회논총〉 제41권 2호, 1996); 김찬규·김석현, "독도의 법적지위"(〈국제법평론〉 제6호, 1996); 김병렬, "對日講和條約 第2條의 解釋"(〈국제법학회논총〉 제43권 1호, 1998); 이석우, "독도분쟁과 샌프란시스코 평화조약의 해석에 관한 소고"(〈서울국제법연구〉 제9권 1호, 2002); 김채형, "샌프란시스코평화조약상의 독도영유권"(〈국제법학회논총〉 제52권 3호, 2007); 박현진, "대일강화조약과 독도영유권"(〈국제법평론〉 제2호, 2008); 박배근, "독도에 대한 일본의 영토권원 주장에 관한 일고: 고유영토론과 선점론"(〈국제법학회논총〉 제50권 3호, 2005); 박현진, "독도 영유권과 지도·해도의 증거 지위

·가치: 독도 관련 지도·해도의 법·정치·외교를 중심으로"(〈국제법학회논총〉 제53권 1호, 2008); 이근관, "첨각/조어도 문제에 대한 국제법적 검토: 독도 문제에의 함의를 중심으로"(〈서울국제법연구〉 제19권 2호, 2012) 등 지난 반세기 이상 우리나라 학계에서 축적되어 온 연구성과들을 참조하였다. 또한 가와카미 겐조의 《竹島의 역사 지리학적 연구》(1966)와 시모조 마사오, 이케우치 사토시, 나이토 세이추, 호리 가즈오 등 일본 학자들의 저서나 논문 및 일본 정부 자료들도 참조하였다.

제2, 3장의 주요 내용인 영토분쟁의 국제법상 판단기준과 역사적 권원 및 제5장의 샌프란시스코 평화조약의 해석에 관한 국제법적 내용은 필자의 박사학위논문인 정재민, "영토분쟁재판에 있어서 역사적 권원의 인정가능성 확대"(서울대학교, 2020)를 중심으로, 정재민, "대일강화조약 제2조가 한국에 미치는 효력"(〈국제법학회논총〉 제58권 2호, 2013); 정재민, "역사적 권원의 판단순서와 판단 방식, Maritime Delimitation and Territorial Questions between Qatar and Bahrain 판결의 반대의견을 중심으로"(〈영토해양연구〉 제15호, 동북아역사재단, 2018); 정재민, "영토분쟁재판에 있어서 원주민 부족 국제법주체성의 인정가능성 확대"(〈국제법학회논총〉 제65권 3호, 2020); 정재민, "역사적 권원 개념의 유형과 독도의 역사적 권원 주장 방향"(《독도 영토주권과 국제법적 권원 II》, 동북아역사재단, 2021) 등 필자가 논문으로 발표했던 내용들 중 일부를 정리한 것이다.